Introduction

Assis en voiture à côté de son père, Gaspard, 11 ans, se plaint qu'une poussière a pénétré sous sa paupière. « Je vais m'arrêter le temps de te l'ôter », lui propose son père. « Pas question ! proteste le garçon. Je ne suis plus un bébé ! » Face à cette légitime revendication d'indépendance, le papa n'insiste pas. « Aide-toi d'un mouchoir en papier », lui conseille-t-il seulement. Exaspéré par cette nouvelle intervention, Gaspard rétorque avec vivacité : « Mais je n'y arriverai pas tout seul ! Je ne suis pas encore adulte ! »

Petite scène exemplaire de ce qui attend tout parent confronté au défi quotidien consistant à accompagner ses enfants sur le chemin de l'autonomie. Il lui faudra composer avec les ambivalences de ces derniers, lorsqu'ils oscillent du « moi tout seul ! » au « aide-moi ! », et trouver un juste milieu entre le désir de les protéger et celui de les laisser se débrouiller seuls.

Peut-être, dans le cas de ce garçon, le compromis consistait-il pour son père, ce jour-là, à être là, simplement là, pour soutenir cet apprentissage à propos duquel l'enfant s'interroge, sans nécessairement souhaiter une réponse. L'essentiel consiste en effet pour l'enfant à garder l'initiative afin de trouver par lui-même sa propre solution.

Être écouté, voilà ce qui lui importe. Là réside sa

revendication. Un des enjeux majeurs de l'éducation se situe dans cette complexité relationnelle entre l'enfant, avec son ambivalence devant les épreuves d'autonomisation qui vont jalonner son parcours, et les parents et les éducateurs, dont le rôle est de l'encourager et qui tâtonnent. Toute la difficulté réside dans cet ajustement mutuel à propos de l'autonomie. Nous verrons combien la notion fondamentale d'une *présence des parents* prête à des dérives, en se déclinant sur le mode de la marguerite que l'on effeuille : être là, un peu, beaucoup, trop, pas assez... pas du tout... !

L'autonomie se définit couramment par l'aptitude d'une personne à vivre sans l'aide d'autrui, à se débrouiller seule, à faire ses choix, à subvenir à ses besoins. Appliqué à l'enfant, individu en perpétuel développement, ce terme recouvre en réalité des aspects bien différents : il y a, d'une part, la capacité à faire des choses par soi-même (s'habiller seul, par exemple) ; d'autre part, un processus de désengagement progressif des liens de dépendance affective. Une capacité, en somme, à se différencier et à construire son identité propre. On pourrait parler d'une humanisation de l'enfant, ce qui implique que celui-ci soit en outre capable d'intégrer les règles de la société. Car être autonome ne signifie en aucun cas se donner ses propres lois !

De nos jours, l'autonomie, associée à l'épanouissement personnel, est devenue un concept à la mode, une valeur sûre. Son acquisition est censée permettre à l'enfant de se réaliser pleinement pour devenir l'entrepreneur de sa propre vie. Néanmoins, son acquisition reste chargée d'ambiguïté : de quelle réalisation personnelle est-il question ? Pour nombre d'entre nous, celle-ci est étroitement liée à la notion de réussite scolaire, pour laquelle il est nécessaire que l'enfant prenne toujours de l'avance : plus vite il sera autonome, meilleures seront ses chances de réussite. Ainsi, obsédés par cet objectif devenu leur priorité, les parents

L'autonomie, mode d'emploi

Etty Buzyn

L'autonomie, mode d'emploi

Comment lui donner envie de devenir grand

Albin Michel

Collection « Questions de parents »
dirigée par Mahaut-Mathilde Nobécourt

À Hélène ma mère,
Élie mon mari,
privés l'un et l'autre prématurément
de leur droit à l'enfance,
et adultes avant l'heure.

accélèrent le processus d'autonomisation, au détriment du sentiment de sécurité affective indispensable à l'enfant au début de sa vie.

N'y a-t-il pas une contradiction lorsque l'enfant, loin de se sentir comblé par la liberté qui lui est donnée, exprime au contraire le souhait d'être davantage pris en charge ? « J'en ai assez d'être autonome ! » s'exclame ainsi de manière inattendue un garçon de 11 ans lors d'une de mes consultations. Refuserait-il, en quelque sorte, de jouer le jeu d'une fausse autonomie imposée de façon arbitraire, et qu'il considère finalement comme une duperie ?

Dans ma clinique quotidienne, j'ai été amenée à repérer cette ambiguïté, qui s'exprime généralement de façon totalement opposée selon qu'il s'agit des parents ou des enfants : les uns revendiquant la nécessité de rendre leurs enfants autonomes le plus tôt possible, les autres se plaignant d'avoir le sentiment d'être abandonnés, livrés à eux-mêmes.

Mieux définir le sens profond à donner à cette notion d'autonomie permettrait de lever le malentendu qui oppose parents et enfants, et de déterminer un meilleur ajustement de leurs relations, dans le respect de leurs aspirations respectives.

Cela nous invite à nous interroger d'une manière plus large sur les effets de cette tendance récente, générée et encouragée par notre société, sans doute dans l'intérêt des parents mais aussi dans son propre intérêt. Ne demande-t-on pas, en effet, à l'enfant de compenser le manque de disponibilité de ses parents en se prenant en charge lui-même ? Ou, lorsque son âge ne le permet pas, aux structures collectives d'assumer ce rôle ? Nous savons pourtant que les exigences d'une socialisation précoce ne comblent pas forcément les besoins affectifs profonds du jeune enfant et ne respectent guère ses rythmes propres, alors que ce sont là des critères garants de son bon développement psychoaffectif.

Chaque humain est, dès la naissance, totalement dépendant des adultes qui assurent ses besoins vitaux, en particulier de sa mère, qui assume le rôle de moi auxiliaire de son enfant. Mais parallèlement à cette dépendance physiologique et psychologique du début de la vie, chaque enfant aspire spontanément à développer la capacité à ne dépendre que de lui-même.

L'autonomie véritable consiste en une synthèse entre le besoin instinctif, chez tout enfant, de faire l'expérience de la dépendance sécurisante et la capacité innée de s'en affranchir par la suite à son propre rythme. Mais il lui faut aussi se libérer des projets que les parents imaginent pour lui et du poids de leur histoire familiale, dont tout enfant hérite à sa naissance.

Aider un enfant à devenir autonome suppose une dynamique progressive consistant à l'accompagner sur le chemin de sa « prise d'autonomie », par opposition à ce « prends-toi en charge » qu'on lui intime, autonomie sur ordonnance dont la mise en œuvre ne souffrirait pas de délai. Par ce fameux « moi tout seul », il ne s'agit alors plus, pour lui, d'arracher peu à peu sa liberté de manœuvre à la réticence parentale. La situation apparaît ambiguë à l'enfant qui doit se comporter de façon autonome sur l'injonction des adultes.

Ainsi existe-t-il une constante oscillation entre dépendance et autonomie, qui concerne tout autant les parents que les enfants, et que je me propose d'évoquer à travers des observations cliniques qui ont jalonné ma réflexion. C'est entre ces deux positions extrêmes que devrait se faire le choix d'éducateurs respectueux des étapes évolutives de l'enfant et soucieux de son épanouissement dans la maîtrise de sa propre vie. Sous certaines conditions seulement s'instaure entre parents et enfants une dynamique dont l'essentiel pourrait se résumer par cette proposition : « Regarde-moi faire tout seul ! »

L'option éducative d'une autonomie à tous crins demande donc à être remise à sa juste place. Mais cela ne peut se faire sans que les parents s'interrogent sur leur degré d'implication vis-à-vis des attentes de leurs enfants.

Il reste que l'analyse d'une question de cette importance ne peut s'envisager sans la prise en compte du contexte socioculturel qui est le nôtre : le problème de l'indépendance des femmes confrontées à leur désir d'enfant, celui de la pression du monde professionnel en particulier sur les mères, ceux posés par la séparation des couples et, par extension, par les familles monoparentales.

1.

L'autonomie est innée

> « La vraie générosité envers l'avenir consiste à tout donner au présent. »
>
> Albert Camus

Durant la grossesse, à l'abri du ventre maternel, le bébé trouve tout ce dont il a besoin pour se développer à son rythme : chaleur, nourriture, sécurité et premiers liens. Semaine après semaine, au fil du développement de sa sensorialité, il commence déjà à faire connaissance avec son environnement (essentiellement sa mère, mais aussi son père et ses éventuels frères et sœurs), dont il apprend à reconnaître la voix, l'odeur, le toucher, le goût même, puisque le liquide amniotique a le goût des repas maternels.

De son côté, la jeune mère se prépare à accueillir ce bébé qu'elle porte non seulement dans son ventre, mais aussi dans sa tête : tout au long de sa grossesse, elle imagine son enfant, lui prête des caractéristiques physiques, une personnalité, fait des projets pour lui... Cet imaginaire maternel, qui mobilise à son insu les éléments de sa propre histoire d'enfant, fait non seulement partie du processus d'attachement, mais permet à la jeune femme de se préparer à son futur rôle de mère.

Ainsi, tout au long de la grossesse, l'un et l'autre se préparent-ils à se rencontrer – et à se séparer!

La naissance, en effet, va rompre cet état d'intimité si particulier de la grossesse. Le bébé en est l'initiateur : arrivé au terme de son développement in utero, il déclenche l'accouchement pour se délivrer du ventre maternel. Première manifestation d'autonomie!

Après la naissance, la mère et le bébé vont faire l'expérience d'une véritable symbiose permettant au nouveau-né immature de s'appuyer sur sa maman pour survivre et s'adapter à son nouveau milieu. Cette dynamique, qui fait le lien entre l'avant et l'après-naissance, trouve sa source dans cet état que Donald W. Winnicott a décrit comme « la préoccupation maternelle primaire[1] » : durant les premières semaines de la vie avec son bébé, la jeune mère centre ses pensées, sensations, émotions sur son tout-petit pour mieux identifier ses besoins et y répondre. Elle vit un état d'empathie avec le nourrisson, qui lui donne d'emblée l'intuition et la capacité de s'identifier à lui.

Si, du fait de son immaturité physiologique, le nouveau-né reste dans une totale dépendance les premiers temps de sa vie, sa tendance innée est d'aller progressivement de la fusion vers l'indépendance, en une dynamique naturelle qui s'instaure dès la naissance et ne se démentira plus, pourvu que le temps et l'espace nécessaires lui en soient accordés.

Paradoxalement, cet état de grande dépendance à son environnement proche est aussi ce qui va permettre au nourrisson de faire une expérience primordiale pour la suite de son développement et son accession progressive à l'autonomie : le monde, loin de lui être hostile, est un monde dans lequel il peut avoir confiance : il a faim, on le nourrit; il a froid, on le couvre; il a peur, on le rassure; il a soif de ten-

---

1. Donald W. Winnicott, *L'Enfant et sa famille*, Payot, 2006.

dresse, on le cajole... « Les soins qu'un bébé peut apprécier satisfont des besoins psychologiques, même s'ils paraissent se rapporter uniquement à des besoins physiologiques[1] », relevait D.W. Winnicott.

De ce fait, pour qu'il puisse peu à peu prendre ses distances avec sa mère, l'enfant doit avoir au préalable engrangé une expérience positive avec une mère « suffisamment bonne », de façon à affronter avec optimisme le processus de défusion, et à assumer sans angoisse excessive les séparations inévitables de la vie quotidienne. Il a confiance, car les soins qui lui ont été apportés, l'attention dont il a fait l'objet, ont constitué ce socle solide sur lequel il peut s'appuyer pour grandir.

Ce socle peut, dans certains cas, se révéler trop fragile. Soit que l'environnement de l'enfant ait éprouvé des difficultés à s'adapter à lui, pour des raisons qui appartiennent à l'histoire de la mère (du père, ou des parents) ; soit, à l'inverse, que cet environnement tende à se montrer exagérément surprotecteur, entravant toute velléité d'indépendance chez l'enfant au risque de lui couper les ailes.

Une relation symbiotique annulant toute frontière entre la mère et son enfant rend en effet impossible l'évolution de ce dernier vers une existence séparée. Or l'accession vers ce moi séparé, individualisé, est une découverte qui évolue avec le temps et se fait, durant la petite enfance, sur plusieurs registres :

– lorsque le tout-petit découvre qu'il peut se déplacer seul en rampant, à quatre pattes puis sur ses deux jambes, et ainsi explorer le monde qui l'entoure ; il s'agit d'un lâcher réciproque, provenant aussi bien du désir énergique de l'enfant que de la volonté bienveillante de ses parents ;

– lorsque, entre 1 et 2 ans, l'enfant placé devant un miroir devient capable de comprendre qu'il contemple son

---

1. *Ibid.*

propre reflet. Cette découverte s'accompagne de la prise de conscience qu'il est un individu à part entière, différent de sa mère ;

– lorsqu'il se met à parler. L'acquisition de la parole vient à point nommé donner sens à ce que vit l'enfant au moment de cette prise d'indépendance. Le langage, en effet, relie l'enfant à ses parents tout en permettant une distanciation physique.

Par la suite, la capacité du tout-petit à s'opposer à ses parents est une nouvelle étape importante dans l'affirmation de soi : la maîtrise du « non ! », si épuisant au quotidien, permet la naissance du « je », qui signe, chez l'enfant, l'émergence d'une personnalité autonome. Ainsi le langage peut-il constituer une des sources de son indépendance, un détachement progressif qui nécessite que les parents de l'enfant puissent le supporter, accepter de rester à l'arrière-plan, vigilants et disponibles pour l'encourager à aller de l'avant. Car cela ne se fait pas sans angoisse pour le tout-petit, qui manifeste son ambivalence par des mouvements de colère en demandant et en refusant en même temps de l'aide.

Tous les jeunes enfants franchissent ces mêmes étapes d'accession à un début d'autonomie, qui sont, en quelque sorte, génétiquement programmées. Cependant, on ne peut les dissocier du contexte familial dans lequel elles se jouent et de ses aléas, qui peuvent agir comme un frein. C'est particulièrement vrai en cas de séparations précoces, brutales, répétées, susceptibles de créer une vulnérabilité chez l'enfant qui ne s'exprimera parfois qu'à l'âge adulte.

Ni trop tôt ni trop vite

Si les très jeunes enfants ont une souplesse qui leur permet de s'adapter aux nécessités d'une séparation précoce avec leur milieu familial, il n'en reste pas moins que les conséquences en sont parfois imprévisibles pour leur développement psychoaffectif. Le premier lien d'attachement et l'intense dépendance du tout-petit à sa mère ont une importance en effet vitale. Si bien qu'une séparation peut générer une souffrance tellement insupportable que le tout-petit s'en défendra en adoptant l'une ou l'autre de ces deux réactions opposées : soit en devenant hypersensible à toute séparation, soit en s'enfermant dans une fausse indifférence, comme une sorte d'anesthésie affective.

Certains enfants expriment bien des années plus tard une angoisse, un mal-être, dont l'origine remonte à cette rupture d'un lien essentiel. Parmi ceux qui présentent des troubles de l'adaptation à la société, beaucoup ont vécu très tôt (généralement au cours de leur première année) des ruptures de maternage à répétition lorsque, par exemple, ils ont connu un enchaînement de modes de garde différents. Ces « repiquages » successifs dans des cadres différents, en les rendant légitimement méfiants, leur ont fait perdre progressivement la tendance spontanée à s'attacher.

Boris Cyrulnik cite une étude ethnologique comparant une population d'adultes ayant été séparés précocement de leur mère et une population d'adultes non séparés qui ont tous bénéficié de la fortifiante sécurité maternelle. Dans la population des séparés précoces on trouve dix fois plus de dépressions à l'âge adulte que dans la population des attachés précoces. La rupture précoce mère-enfant crée un facteur de vulnérabilité qui s'exprimera peut-être vingt ou trente ans plus tard. « Dans cette optique, la dépression n'est pas une tristesse pathologique, c'est une réponse pathologique de l'organisme qui se fracture selon le trait de vulnérabilité mis en place précocement[1] », à savoir les traces laissées par le traumatisme de séparations longues, trop précoces ou répétitives.

Cependant, la dépression n'est pas la seule conséquence directe de la séparation précoce. On observe, par exemple, un autre type de réaction dans le cadre du kibboutz, en Israël. La mise en place de la nurserie en milieu collectif a été une innovation qui permettait aux parents d'être totalement disponibles aux besoins de la collectivité. Mais les pionniers de l'époque avaient surtout dans l'idée qu'en séparant dès la naissance les enfants de leurs parents, et en les socialisant précocement, ils deviendraient indépendants plus tôt et s'autonomiseraient naturellement pour prendre leur relève. Or il semble qu'ils aient été dépassés par leur expérience. En effet, à l'adolescence, nombre de ces enfants poussent leur goût pour l'indépendance jusqu'à s'installer parfois très loin de leur pays d'origine, et d'une famille qui ne représente plus pour eux un point d'ancrage affectif suffisant, ni une ressource identificatoire assez puissante pour faire contrepoids à cette séparation qui leur a été imposée dès le début de leur vie.

Ne répètent-ils pas ainsi inconsciemment l'éloignement précoce dont ils ont gardé la trace ? S'étant trouvés séparés trop tôt de leur source de vie affective, ils ont en partie verrouillé leurs affects, pour ne plus s'exposer à la désillusion. Peut-être est-ce là une alternative à la dépression évoquée plus haut.

Si j'insiste autant sur les risques liés à la séparation précoce, et plus particulièrement sur les ruptures à répétition, c'est bien parce que ces pratiques représentent le premier effort d'adaptation sociale, et non le moindre, que l'on exige du très jeune enfant. Mais aussi le premier renoncement,

---

1. Boris Cyrulnik, *Sous le signe du lien*, Hachette Littératures, 1989.

sans aucun doute douloureux sinon traumatique, à son désir inconscient : celui d'être réuni à sa mère.

Ce pourrait être le prototype de tous les renoncements ultérieurs qu'il lui faudra accepter pour s'adapter à ce que la société, par l'intermédiaire de ses parents, attend de lui. Toute tentative d'autonomisation réactivera alors les traces de souffrance imprimées par ces premières expériences traumatiques. Ces traces ne sont souvent accessibles qu'ultérieurement, à l'âge adulte, par l'expression d'un symptôme invalidant équivalant à une détresse.

Communiquer pour exister

Mme D. vient consulter pour une symptomatologie sévère qui infiltre son quotidien de façon imprévisible. Elle est saisie inopinément par un sentiment de panique intense qui surgit toujours lorsqu'elle est seule, et plus particulièrement en dehors de chez elle et de son cadre sécurisant. Qu'elle se retrouve en voiture ou dans la rue, elle éprouve le besoin impérieux d'entrer en contact avec quelqu'un, soit en pénétrant dans le commerce le plus proche pour demander un renseignement, soit en se précipitant dans une cabine téléphonique pour appeler son mari ou sa mère, quand elle n'aborde pas le premier venu qui, décontenancé, passe son chemin sans lui répondre.

Mme D. subit son existence dans une totale insécurité, comme une succession d'épreuves qui entretiennent une angoisse permanente, liée autant à la crainte d'une crise qu'à l'irruption de la crise elle-même.

La crise inaugurale remonte à sa première confrontation avec la mort, lorsqu'elle a appris le décès de la sœur de sa mère, dont elle était très proche.

En rassemblant ses souvenirs, et après avoir fait une

enquête auprès de ses parents, Mme D. m'expose que, un mois après sa naissance, pour entreprendre un voyage de plusieurs semaines, ceux-ci l'ont confiée à cette jeune tante totalement inexpérimentée à l'époque. Le bébé aurait fait une déshydratation nécessitant son hospitalisation en urgence en pédiatrie néonatale – on ne peut plus méconnaître la valeur de symptôme psychosomatique que représente la déshydratation du nouveau-né.

Mme D. semble ne pas avoir bénéficié de la stabilité du maternage indispensable au début de la vie, pour permettre au nourrisson de sortir de son « désarroi économique biologique[1] », puisqu'il est incapable au départ d'une véritable autonomie.

Il est clair, dans ce cas, que l'unité mère-enfant n'a pas eu le temps ni l'espace nécessaire pour se déployer et assurer au bébé un sentiment de sécurité minimal de la part de son environnement. Par ailleurs, aucune parole n'est venue donner un sens à cette absence des parents, qui représentait une carence environnementale ayant pour effet de précipiter le nouveau-né dans une perte brutale de la relation privilégiée instaurée avec sa mère. Cette perte équivaut à un traumatisme psychique pour ce bébé : celui de l'interruption de sa « continuité d'être[2] ».

C'est cette angoisse insurmontable de bébé que Mme D. revivait dans ses crises de panique. Celles-ci étaient les traces perceptibles d'un traumatisme précoce qui avait eu lieu sans avoir pu être intégré à l'époque. Seul le retour à son vécu infantile par le biais de l'analyse pouvait l'aider à le dépasser.

---

1. Françoise Dolto, *L'Image inconsciente du corps*, Le Seuil, 1984.
2. *Ibid.*

Le désarroi d'Elsa

Elsa, que je suis en thérapie depuis qu'elle a 16 ans, souffre elle aussi des conséquences d'une séparation particulièrement brutale. Elle est venue me voir pour des difficultés à entrer en relation avec les autres. Cette inhibition a toujours existé, et aussi loin que remontent ses souvenirs, Elsa se voit seule, isolée des autres, et se sent terriblement angoissée à la moindre séparation d'avec sa famille.

Il s'avère que ses parents l'ont déposée dans un home d'enfants alors qu'elle avait à peine 1 an. Sa mère, enceinte de huit mois, très fatiguée par cette deuxième grossesse, souhaitait se reposer. Un matin, Elsa s'était donc réveillée sans eux, dans un endroit inconnu. Ils étaient partis pendant son sommeil, et aucune parole ne l'avait préparée à leur départ. Elsa avait réagi à ce brusque changement en refusant toute nourriture pendant une semaine. Au point qu'il avait fallu rappeler ses parents en urgence, inconscients qu'ils étaient à l'époque de l'épreuve qu'ils imposaient à une enfant aussi jeune.

Depuis cet incident, ils se sentaient, disaient-ils, très culpabilisés de leur maladresse, et de la méconnaissance du risque qu'ils avaient fait courir à leur fillette. Celle-ci ne s'était en effet jamais remise du choc causé par cette séparation brutale, amplifié par le fait qu'un petit frère était né aussitôt après, rendant sa mère indisponible et incapable de répondre à son besoin d'une réassurance indispensable pour lui permettre de reprendre confiance dans l'environnement familial. Elsa s'était ainsi sentie totalement abandonnée.

Pour une enfant de cet âge, encore très dépendante de ses parents, de sa mère en particulier, une séparation aussi brutale, et sans aménagement, équivaut au-delà d'une certaine durée à une disparition définitive et précipite l'enfant dans un état de total désarroi. Son refus de nourriture était l'expression alarmante de la détresse qu'elle ressentait. Un tel symptôme est un appel au secours.

Il n'est guère étonnant qu'Elsa ait gardé de cet épisode un arrière-goût d'abandon, une blessure qui la rendait réticente à toute relation.

Pour le très jeune enfant, l'angoisse de séparation n'est supportable que pour de brèves absences. Lorsque la privation est trop brusque ou trop longue, elle devient traumatique. C'est alors le désespoir qui imprime sa marque indélébile, en une blessure affective qui peut déterminer l'évolution de toute une vie.

L'enfant doit être psychiquement prêt à se séparer de sa mère. Ce n'est que vers 3 ans qu'il peut, sans angoisse, ressentir son absence prolongée non comme une perte équivalant à la mort, mais comme une absence temporaire. Il est alors en mesure de se la représenter vivante en son absence, la capacité de l'imaginer prenant le relais de la réalité frustrante.

En cas d'obligation de se séparer précocement de son bébé, il serait souhaitable que la mère prenne conscience de la nécessité impérative de lui signifier verbalement qu'il va être confronté à son absence pendant un temps défini et de lui en parler tout en l'assurant qu'elle reviendra le chercher. Lui confier un objet personnel comme un foulard, ou un objet « transitionnel » comme un doudou qui, par la valeur affective que lui attribue le tout-petit, adoucit la séparation, constitue également un lien symbolique rassurant pour les deux partenaires.

Ainsi, le bébé, devenu sujet de parole, se trouve respecté comme tout humain dans sa capacité innée à ressentir des émotions. Il sera, de ce fait, mieux préparé à supporter l'épreuve de la séparation. Cependant, si c'est une condition nécessaire, il ne peut s'agir en aucun cas d'une recette à répétition, d'un effet de mode, la magie de la parole prenant valeur de justificatif pour imposer n'importe quoi à l'enfant sous prétexte qu'il en est informé. Même si elle contribue à atténuer les effets de l'absence, la parole ne protège pas l'enfant de toute souffrance !

L'univers de l'enfant, du moins pendant la toute première année, se limite essentiellement à une proximité avec sa mère ou un substitut maternel permanent. Celle-ci incarne une présence protectrice qui fait lien avec le monde extérieur, dont le père est le représentant privilégié. C'est en ce sens que ce dernier aura le pouvoir et le devoir de favoriser ultérieurement la séparation symbolique entre l'enfant et sa mère, son rôle consistant à s'interposer entre eux pour occuper la place qui lui revient.

Joyce McDougall parle de « symptôme qui enlève tout sens au monde et à la relation au monde [...] la désaffection ayant pour but de rendre l'individu invulnérable à la souffrance psychique[1] ».

Elsa a l'air d'une jeune adulte sans aspérités, qui a uniformisé ses affects en les ramenant au seuil le plus économique possible, de façon que rien désormais ne puisse la perturber. Les sujets ainsi désaffectés ont fait précocement l'expérience d'émotions intenses qui menaçaient leur sentiment d'intégrité et d'identité, et il leur a fallu, pour survivre psychiquement, ériger un système très solide pour prévenir un retour de ce vécu traumatique porteur de menaces d'anéantissement. Le traumatisme généré par la séparation brutale a eu pour effet d'interrompre leur sentiment d'intégrité. Alors qu'elle semble se suffire à elle-même, une telle structure psychique « hermétiquement fermée sur elle-même [...] au service d'une fonction de défense vigoureuse[2] », coupe

---

1. Joyce McDougall, *Le Théâtre du corps*, Gallimard, 1989.
2. *Ibid.*

définitivement le sujet de toute velléité d'autonomie véritable, à savoir celle qui consiste à conserver son moi intact tout en investissant à sa manière le monde qui l'entoure.

Dans l'esprit d'Elsa, la confiance dans un monde extérieur, devenu persécuteur, se trouvait désormais lourdement hypothéquée. Au point qu'elle évitait tout risque de revivre une telle souffrance. Mieux valait rester dans la maîtrise et renoncer à s'exposer à toute désillusion ultérieure.

John Bowlby évoque « les conséquences tragiques qu'a si souvent la perte affective sur le fonctionnement de la personnalité[1] ». On a encore trop tendance à sous-estimer le désarroi qu'entraîne une perte précoce pendant cette période fragile de la petite enfance et le handicap qu'elle peut générer.

La souffrance en héritage

Le traumatisme d'un sentiment d'abandon précoce peut avoir des répercussions négatives sur la capacité de la mère à accepter de se séparer de son enfant, comme le démontre l'histoire de Benny.

Âgé de 2 ans, ce tout petit garçon se réveille plusieurs fois par nuit depuis sa naissance. Sa mère, Mme R., dont c'est le premier enfant, le décrit comme très angoissé, attaché à elle de façon très fusionnelle. Elle a cessé son travail dès la grossesse pour se consacrer entièrement à son fils, précise-t-elle. Toutefois, consciente qu'il est nécessaire à Benny de fréquenter d'autres enfants, elle l'a inscrit à la halte-garderie. Jusque-là, toutes les tentatives d'adaptation à ce mode de garde se sont soldées par des échecs. Mme R. s'en attribue spontanément la responsabilité : « Cela m'angoisse tellement

---

1. John Bowlby, *Attachement et perte*, PUF, 2002.

de confier Benny à des étrangers que je ne peux résister au désir impulsif de venir le reprendre rapidement. »

Pourtant, selon le personnel de la halte-garderie, le petit garçon, s'il pleure de façon pathétique lorsque sa mère est là, s'adapte plutôt bien dès qu'elle a tourné les talons.

Mme R. éprouve ainsi de grandes difficultés à confier son enfant, y compris à sa propre mère. En revanche, elle le laisse volontiers à la garde de sa sœur, à laquelle elle dit : « Je l'offre ! » Une formule pour le moins surprenante, comme je le lui fais remarquer. Elle évoque alors la naissance de cette petite sœur, lorsqu'elle-même avait 4 ans. Deux semaines après sa naissance, le bébé avait fait une méningite et avait été transporté à l'hôpital en urgence tandis que Mme R. s'était retrouvée chez les voisins sans en connaître le motif.

Ce qui la renvoie à un incident antérieur : deux mois avant la naissance de sa petite sœur, elle avait été déposée dans sa nouvelle école sans en avoir été prévenue. Elle était restée prostrée dans la cour en attendant le retour de sa mère.

Deux séparations brutales dans sa petite enfance qui amènent Mme R. à reconnaître être la cause directe de l'échec du mode de garde qu'elle a pourtant choisi pour son fils : « Je ne peux pas faire autrement, je n'arrive pas à le lâcher, c'est plus fort que moi. » Constat que j'avais fait rapidement lors de notre première rencontre en découvrant dans la salle d'attente Benny et sa maman agrippés l'un à l'autre dans la crainte manifeste d'être séparés, sans qu'il me soit possible encore de déterminer lequel des deux induisait cette forte dépendance. Rassuré par mon invitation à entrer dans mon bureau avec sa mère, Benny ne l'avait pas pour autant lâchée, buvant ses paroles, scrutant intensément ses moindres réactions tout le temps de l'entretien et s'y adaptant avec des mimiques très expressives. Il semblait vivre en miroir de sa mère, ponctuant ses confidences de « Maman bobo » tout en lui embrassant la main, déclenchant chez elle des larmes de reconnaissance pour l'empathie qu'il manifestait à son égard. Je note que ce petit garçon encore bien loin d'être symboliquement séparé de sa mère emploie l'expression « à nous », la formule « à moi » semblant absente de son vocabulaire.

Avec une intuition étonnante, Mme R. décrit le comportement vigilant de Benny, « très, trop gentil », et qui « fait tout pour me plaire et vient me consoler en soufflant sur ma main pour éloigner ce qui peut me contrarier ou me peiner ». « Il a notre bonheur sur ses épaules », ajoute-t-elle avec une certaine culpabilité. Benny, qui ne s'y trompe pas, la gratifie aussitôt d'une caresse de consolation.

La deuxième séance a lieu un 24 décembre. « Benny a bien dormi depuis notre première entrevue », m'annonce sa mère. Jusque-là, avoue-t-elle, elle endormait son fils dans ses bras, « par besoin ». De quel besoin s'agissait-il ? Du sien ou de celui du petit garçon ? Ne cherchait-elle pas plutôt à s'identifier à sa mère qui, sans doute soucieuse des suites de la méningite, berçait ainsi sa petite sœur ?

J'insiste alors sur la nécessité de veiller à ne pas projeter sur Benny les traumatismes de sa propre enfance, de poser des limites entre passé et présent en se gardant d'identifier son petit garçon à sa propre sœur. Benny me lance alors un regard de connivence et pousse un petit soupir de soulagement qui surprend sa maman.

Lors de cette deuxième séance, à mon invitation, il accepte de rester seul un moment avec moi, repoussant avec autorité sa maman vers la salle d'attente. À l'issue de cet entretien, faisant allusion à cette première séparation réussie qu'ils viennent d'expérimenter tous les deux dans mon cabinet, elle me lance avec émotion : « C'est le plus beau cadeau de Noël que nous ayons jamais reçu, Benny et moi ! »

Lorsque nous nous retrouvons, un mois plus tard, elle m'annonce que son petit garçon dort paisiblement chaque nuit. D'emblée, ce dernier lui refuse l'entrée dans mon bureau et lui impose de rester dans la salle d'attente tout le temps que dure la séance.

Il s'installe devant la pâte à modeler et exécute deux formes qu'il désigne comme un bébé chien et sa maman. Il les rapproche, puis les sépare en interprétant la scène ainsi : « Le petit chien va à la garderie. » Sa maman m'apprendra qu'en effet, son petit garçon lui parle de la garderie et qu'elle se sent désormais prête à affronter cette séparation. Elle conclut, non sans finesse : « Benny s'est enfin libéré de moi, ou plutôt, c'est moi qui accepte de me séparer de lui ! » Une phrase qui résume parfaitement la problématique d'extrême dépendance mère-enfant révélée par cette situation.

En effet, contrairement aux apparences, et comme souvent dans une relation fusionnelle, c'est la mère qui n'est pas en mesure de se séparer. Les causes de cette difficulté prennent généralement racine dans l'enfance du parent, lorsque des questions restées en suspens et réactivées par l'arrivée de l'enfant viennent entraver le processus naturel de défusion mère-enfant. Ce dernier se trouve alors piégé dans une dépendance qui n'est pas de son fait et parasite son accession à l'autonomie. Il subit l'influence d'un chantage affectif équivalant à l'injonction « ne me quitte pas », dont il est incapable de se débarrasser.

Qu'en est-il alors du rôle du père, auquel il est traditionnellement dévolu d'être le tiers séparateur, permettant ainsi à l'enfant d'éviter d'être « tout » pour sa maman ? Benny, en effet, était bien ce « tout » pour sa maman… Et pour cause : malgré ses efforts, son papa était tenu à distance par l'angoisse maternelle, qui bloquait toute possibilité d'évolution des relations à l'intérieur de la famille. Lors d'une dernière séance, je recevrai à ma demande Benny avec son père, tous deux ravis de m'avoir pour témoin privilégié de leurs retrouvailles.

2.

Les séparations imposées

> « On naît bel et bien femme, avec un destin physique programmé différent de celui de l'homme, et toutes les conséquences psychologiques attachées à ces différences. Mais on peut modifier ce destin. »
>
> Évelyne Sullerot

Notre société n'est pas tendre à l'égard des mères ! Obligées de trouver un mode de garde dès les premiers signes de la grossesse, de reprendre le travail rapidement après la naissance de bébé alors même que la période de dépendance mutuelle n'est pas achevée, pénalisées dans leur carrière professionnelle du fait de leurs obligations familiales...

Les femmes sans enfants n'en sont pas moins déconsidérées : soupçonnées d'égocentrisme ou qualifiées de carriéristes sans que personne se demande si leur situation correspond à un choix délibéré ou à un renoncement qu'il leur a bien fallu accepter, pour cause de stérilité dans le couple ou toute autre raison liée à leur histoire. Certaines femmes qui connaissent des difficultés de procréation se plaignent de cette pression sociale, au point d'avouer ne plus savoir si leur désir d'enfant est un souhait personnel ou

31

s'il est suscité par le sentiment de culpabilité de ne pas être « comme les autres ». Il leur faut bien de la persévérance pour prendre la mesure de ce qu'elles veulent vraiment.

Aussi est-il devenu courant pour les psychanalystes de recevoir des femmes de 40 ans ou plus pour lesquelles la question d'avoir un enfant ou pas n'est toujours pas résolue. Question cruciale qui s'apparente parfois davantage à une « envie d'enfant » qu'à un « désir d'enfant », expression en vogue dans notre société. Le désir, en effet, ne peut se réduire à cette décision, d'*avoir* ou non un enfant. La formule induit d'ailleurs une fausse idée de possession, et semble aussi erronée que celle de *faire* un enfant comme on ferait un gâteau : l'enfant-objet censé venir en temps et en heure a quelque chose de l'accessoire indispensable, cerise sur le gâteau de la réussite sociale.

Avoir un enfant, c'est tendance ?

« Absolue tendance » titre un hebdomadaire féminin. Sur la page, un mannequin aux allures de femme fatale pose en compagnie d'une fillette d'environ 10 ans, vêtue d'une simple chemise de nuit. Le regard lointain, la femme se détourne de ce que l'on imagine être son enfant, bien que la petite fille lui agrippe le bras pour la retenir auprès d'elle.

À la page suivante, intitulée « Accessoires », la même femme empoigne un sac rutilant, prête à partir en week-end. La fillette, sombrement vêtue cette fois, la retient par la fermeture de son blouson et l'interroge d'un regard anxieux : « Pourquoi ne m'emmènes-tu pas avec toi ? » De quel accessoire est-il question ici, sac ou fillette ?

Sur la dernière page, la petite fille a réenfilé sa chemise de nuit. Les mains posées par terre de part et d'autre d'un verre brisé, elle est assise entre les jambes de la femme dont on aperçoit seulement les chaussures de luxe prêtes à trotter vers une soirée mondaine… La fillette affiche un visage résigné, comme si elle avait renoncé à convaincre la femme de rester ou de l'emmener avec elle. Le verre brisé n'est-il pas le symbole de quelque chose de cassé en elle, ou entre elle et sa mère?

Cette publicité en trois actes illustre de façon caricaturale la situation des enfants réduits à être les accessoires de femmes narcissiques, agrippées à leur indépendance, sans tenir compte de la demande et des besoins légitimes de leur progéniture. Aucune référence n'est faite à une quelconque présence masculine, comme si le père ne se trouvait en rien concerné par ce qui se joue entre la mère et l'enfant. Faut-il en conclure qu'il revient à la femme la responsabilité d'assumer seule un rôle parental?

Loin d'être anodin, le message implicite consisterait à enjoindre aux femmes de faire abstraction de tout ce qui pourrait les empêcher de vivre leur vie de femmes indépendantes, ou à les conforter dans cette tendance. Message pervers, sous couvert d'être « branché » : les enfants, c'est tendance, à la condition de les tenir à distance! À eux de se débrouiller pour ne pas se montrer encombrants…

Donner la vie, pourtant, est bien évidemment une forme d'aliénation. Qu'on le veuille ou non, il faut renoncer à une part de son indépendance, accepter de mettre sa carrière entre parenthèses, adapter son emploi du temps à celui du tout-petit, accepter de penser à lui avant de penser à soi…

Oublier cette évidence peut mener à certaines formes de dérives, comme en témoigne l'histoire de cette femme enceinte de quatre mois d'un second enfant, venue me demander de l'aide à propos de cette grossesse. Depuis qu'elle sent le bébé bouger dans son ventre, sa naissance l'angoisse en permanence : « Comment vais-je lui annoncer plus tard que j'avais le projet de me séparer de son père bien avant sa conception ? C'est la crainte de ne pouvoir avoir un autre enfant qui m'a poussée à le concevoir avant notre séparation. Son père m'en veut de m'être servie de lui à son insu, alors que nous songions déjà au divorce. Il va jusqu'à prétendre qu'il n'est peut-être pas le père. J'ai peur qu'il ne veuille pas l'accepter... Je m'en veux de ce que je vais imposer à ce bébé, même si je suis apte à élever mes enfants seule, ma situation professionnelle me garantissant une aisance financière suffisante. » Ce cas illustre parfaitement à quel point une revendication d'indépendance, si légitime soit-elle, peut faire oublier le respect dû à l'enfant, au risque que ce dernier soit considéré comme un objet et non plus comme une personne à part entière.

Le problème, avec les mères, c'est qu'elles ont des enfants

On demande aux mères d'aujourd'hui de réussir leur grossesse, leur accouchement et l'éducation des enfants, tout en restant performantes au bureau et à la maison... Ne pouvant lâcher du lest sur aucun tableau, elles risquent de perdre beaucoup !

Certaines d'entre elles aimeraient mettre en pause leur activité professionnelle pour privilégier leurs jeunes enfants, mais leur choix, hélas, ne peut se faire qu'au prix d'une pénalisation ou d'une mise hors circuit du marché du travail. Alors, elles éludent la question, ou n'osent pas l'aborder franchement, et se font violence pour donner l'impression qu'elles sont détachées d'une telle préoccupation de peur de se voir soupçonnées d'être démotivées au travail. Ou elles renoncent à faire carrière. Or il est loin d'être prouvé qu'élever des enfants réduise les capacités professionnelles d'une femme !

Qu'un trou dans un curriculum vitae ait permis de s'occuper pleinement d'un bébé ou d'accompagner un petit dans son année de CP devrait être considéré comme légitime ! N'est-il pas étrange qu'il y ait si peu de reconnaissance sociale de ce besoin primordial dans un pays qui, par ailleurs, s'enorgueillit de son taux de fécondité, par comparaison avec celui de ses voisins européens ?

Après avoir passé quelques années à la maison pour s'occuper de ses enfants, l'une de mes patientes m'expliquait avoir trouvé cette astuce pour contourner, lors d'un entretien d'embauche, les questions ayant trait à sa disponibilité : elle racontait que ses enfants étaient grands, autonomes et… sortis des maladies infantiles ! Faut-il en arriver à faire grandir ses enfants à toute vitesse pour devenir intéressante aux yeux d'un recruteur ?

La tendance actuelle des femmes enceintes à exposer avec ostentation leur ventre rond ne serait-elle pas une manière de prendre le contre-pied de ce qui leur est imposé et d'exprimer leur attente légitime d'être reconnues et valorisées dans leur rôle de procréation ? Certes, les femmes conservent le pouvoir incomparable de transmettre la vie, avec en prime un résultat gratifiant, un plaisir largement partagé avec le père ! Mais « produire un bébé » aurait-il moins de valeur que produire des marchandises et des bénéfices ? Pour qui produit-on, si ce n'est pour des individus venus ou à venir ?

Un collègue lance ainsi sur un ton provocateur à une jeune cadre n'ayant pas profité de son congé de maternité, mais que des contractions précoces forcent à s'arrêter une semaine avant la date prévue de son accouchement : « Alors c'est d'accord, on t'attend dans un mois ! » Un mois pour donner naissance à un enfant et le lancer dans la vie, est-ce là une appréciation raisonnable de la valeur humaine ?

Quant aux mères qui décident de renoncer à leur vie professionnelle pour assumer les responsabilités de mère au foyer, leur choix dépend bien évidemment de l'intérêt ou de la nécessité financière que représentait pour elles la profession qu'elles laissent. Certaines ressentent leur nouveau statut, même temporaire, comme si dévalorisant qu'elles osent à peine l'assumer face à celles et ceux qui travaillent. De sorte que, malgré leur besoin légitime de contacts et d'échanges, elles se vivent parfois comme peu crédibles et s'isolent pour se consacrer exclusivement à leurs enfants. D'où, chez certaines, un vif sentiment de frustration. Nombre d'entre elles trouvent cependant un réel bénéfice à cette nouvelle disponibilité et, pour ne pas tomber dans un isolement social, s'impliquent dans la vie associative ou le bénévolat.

Cette difficulté des femmes à se déterminer par rapport à la maternité et à la pression sociale vient d'une injonction paradoxale : ayez des enfants, mais veillez à ce qu'ils ne gênent pas votre implication professionnelle. En bref, l'indépendance économique des femmes rime-t-elle avec liberté ?

Aux enfants eux-mêmes, la société ne demande-t-elle pas, avec une certaine ambivalence, de ne pas gêner ? D'où la nécessité de se conformer à cette attente en devenant au plus vite autonomes pour ne pas peser d'un poids supplémentaire sur des parents déjà passablement surchargés.

La reprise du travail

Depuis leur accession à la maîtrise de la grossesse, les femmes ont bien retenu la leçon : elles doivent assumer leur désir d'enfant, en supporter la responsabilité, sans qu'il leur

soit permis de se plaindre, et intégrer à leur vie professionnelle cette fonction qui leur est propre : donner la vie.

Au retour de la maternité, quelques jours seulement
après leur accouchement, beaucoup de jeunes mamans se
retrouvent seules face à leur bébé, et affrontent une grande
solitude à un moment d'intense fragilité. Elles ressentent
souvent le manque d'un minimum de soutien et d'empathie : l'entourage familial qui, aux générations précédentes,
accueillait la mère et son bébé n'a plus sa place dans notre
société aux familles souvent dispersées, sinon éclatées.

Pour les jeunes mères, la reprise du travail, alors que leur
bébé atteint à peine l'âge de 3 mois, parfois même 2 mois et
demi, est souvent la cause sinon d'un épisode dépressif, du
moins d'un fort sentiment d'angoisse. À peine viennent-elles
de découvrir leur enfant après l'avoir imaginé pendant neuf
mois qu'il leur faut renoncer, à leur corps défendant, à cette
rencontre imprégnée d'affectivité et déterminante pour la
capacité du bébé à prendre confiance en son environnement.

Cette relation naissante exige pourtant un certain temps
pour se mettre en place. Loin de disposer de ce temps précieux entre tous pour consolider cette adaptation mutuelle,
les deux partenaires sont au contraire confrontés à la nécessité d'avoir à y renoncer très tôt, beaucoup trop tôt pour avoir
eu le temps de se connaître et de s'ajuster l'un à l'autre.
Même si le père est présent, cette étape peut parfois être
vécue comme une véritable déchirure dans ce tissage d'un
lien encore bien fragile.

Les lieux d'accueil réservés aux enfants, s'ils représentent
une facilité indéniable pour les mères et les pères qui travaillent, contribuent en partie à les disqualifier et à les
déposséder de leur rôle. Ce que les femmes en particulier
ressentent comme une frustration douloureuse. En effet, leur
bébé à peine né, elles se retrouvent confrontées à une

situation empreinte d'ambivalence : il leur faut impérativement trouver un mode de garde qui leur permette la reprise d'une activité professionnelle, alors qu'elles ne se sentent pas forcément prêtes à accepter d'éloigner d'elles leur bébé.

Depuis quelque temps, les crèches sont autorisées à accueillir les bébés dès l'âge de 2 mois et demi, sous réserve que la naissance et l'âge du bébé à son entrée à la crèche correspondent au calendrier institutionnel assez rigidement calqué sur l'année scolaire ; ce qui n'est pas toujours le cas. On avance comme argument les bienfaits de la socialisation précoce, mais c'est au détriment de la relation primordiale du bébé à sa mère, à son père et à son milieu. Je dirais de cette socialisation qu'elle a quelque chose de l'ordre d'une frustration organisée ou institutionnalisée des deux partenaires : la mère et son bébé (ou le père et son bébé).

Car abaisser l'âge de l'entrée à la crèche de 3 mois à 2 mois et demi, c'est priver le bébé d'un temps crucial de présence maternelle. Présence maternelle déjà passablement amputée sur le plan de la rencontre et d'un ajustement réciproque précieux. Un temps irremplaçable dont on le dépossède davantage encore !

Par ailleurs, une étude conduite sur dix ans dans dix grandes villes américaines démontre que plus les tout-petits passent de temps en dehors de la maison, quels que soient les modes de garde, plus ils deviennent agressifs. C'est ainsi que 17 % des enfants qui passent plus de trente heures par semaine dans une structure collective se révèlent agressifs autour de l'âge de 4 ans : « Ils participent à toutes les bagarres, ils sont cruels, ils ont une conduite explosive, ils parlent sans arrêt, ne cessent pas de discuter les consignes et réclament énormément d'attention[1]. » Le constat est unanimement admis par les éducateurs et les parents. En revanche, seule-

---

1. *Le Quotidien du médecin*, 24 avril 2001.

ment 6 % des enfants qui passent moins de dix heures en crèche ont ce comportement. Le degré d'agressivité ne dépend pas du statut social et concerne les enfants toutes origines confondues.

Ce qui est significatif, c'est le rapport constant entre le temps passé sous la surveillance des éducateurs et l'accroissement de l'agressivité. D'où les conclusions sociologiques que tire le docteur Belsky de ce constat : « S'il se confirme que le temps passé dans les institutions réservées aux tout-petits nuit à leur équilibre, il est clair que les familles doivent consacrer plus de temps à leurs enfants et que l'un des deux parents doit envisager de travailler à temps partiel[1]. »

Ces résultats alarmants devraient nous amener à imaginer des solutions et des aménagements susceptibles d'offrir à l'enfant des conditions optimales de développement psycho-affectif. Ainsi pourrions-nous envisager pour les enfants en bas âge une plus grande souplesse dans la durée de présence en collectivité, alors que l'idée même d'une présence en crèche à la demi-journée reste officiellement inconcevable. Dans le même ordre d'idée, le temps de travail ne pourrait-il être aménagé pour les parents au mieux des intérêts de leurs très jeunes enfants, et par extension de leur famille ?

Cette tendance à la socialisation qui instaure et officialise la séparation précoce des enfants d'avec leur milieu est la résultante d'une dictature économique qui, sous couvert de la nécessité du travail, et de celui des mères en particulier, en tire un double bénéfice : libérer les parents, et en priorité la mère, d'une charge qui la rendrait indisponible à son poste ; prendre en charge l'éducation des enfants aussi tôt que possible pour en faire des individus adaptés et conformes aux objectifs de la société, dans ce qui s'apparente à une sorte de

---

1. *Ibid.*

conditionnement. Ce qui s'oppose à l'indispensable nécessité physiologique d'une continuité de la relation de la mère à son nourrisson. « Si cette continuité de la relation de la mère à son bébé se rompt, quelque chose est perdu qu'il n'est pas possible de retrouver. Cela montre un manque incroyable de compréhension du rôle de la mère que d'éloigner d'elle son bébé[1]. »

Il est encore plus contestable, me semble-t-il, de ne pas laisser à la mère d'alternative à la séparation précoce d'avec son bébé. Qui n'a pas rencontré de mère confrontée à un sentiment de culpabilité, ou faisant part de sa réticence voire de sa détresse devant l'obligation de confier son bébé à une structure de garde ou à une autre personne ? Mais c'est un sentiment tellement « incorrect » aujourd'hui qu'une femme ose à peine exprimer son désir de rester auprès de son enfant. Combien de générations d'enfants faudra-t-il sacrifier pour redonner sa priorité au couple mère-enfant, et au temps nécessaire à son épanouissement ?

L'exemple de l'allaitement est à cet égard instructif. L'allaitement artificiel cautionné par d'éminents spécialistes a pris le relais de l'allaitement au sein pendant plusieurs décennies dans la société occidentale, jusqu'à un retour récent au lait maternel, reconnu comme irremplaçable à tous égards. Plusieurs générations de mères et d'enfants en auront fait les frais !

Le message latent de notre société consiste ainsi à convaincre qu'elle peut pallier la défaillance familiale et que si l'on souhaite un enfant parfait, à savoir parfaitement conforme à un modèle social imposé, il suffit d'adhérer à ses objectifs. Moyennant quoi, les familles sont mises en situation de reprendre à leur compte les arguments en faveur de ce processus de séparation précoce, dont souvent la néces-

---

1. Donald W. Winnicott, *L'Enfant et le monde extérieur*, Payot, 1947.

sité ne leur apparaît pas pour autant flagrante. Sont mis en avant les bénéfices tirés par l'enfant d'un contact précoce avec les autres en collectivité et les bénéfices liés aux apprentissages précoces : le bébé performant est le *nouveau mythe de notre époque*, qui s'exprime spontanément dans la question inquiète des parents s'informant du programme d'activités de leur bébé de 3 mois, voire de 2 mois et demi, à son entrée à la crèche !

Quant aux bénéfices économiques de carrière, c'est un autre problème qui pourrait peut-être se résoudre autrement.

Les femmes ont revendiqué et obtenu le droit à une indépendance matérielle. Mais ce progrès incontestable et encore assez récent de leur condition n'a pas été sans entraîner quelques dérives. Dérive des revendications féministes qui, dans un souci d'égalité hommes-femmes, ont précipité ces dernières dans une impasse : celle de devoir tout assumer. Non sans répercussions sur la place des hommes dans la nouvelle configuration familiale. En empruntant au modèle masculin, les femmes ont en quelque sorte dépossédé les hommes de leur rôle spécifique dans la famille. D'où la popularité du mot d'ordre actuel : « Laissez la place au père. » Il est grand temps !

De fait, nous en sommes arrivés à ce paradoxe : s'il est de bon ton de respecter les différences de tous ordres, handicap, homosexualité, origine ethnique et culturelle, seule la différence des rôles sexuels n'a plus cours ; la complémentarité biologique homme-femme est désormais considérée comme obsolète, voire rétrograde. Elle est pourtant primordiale car elle fonde l'humanité.

Les femmes ont accès à une expérience unique : elles portent des enfants qui les « traversent » et laissent dans leur corps une trace indélébile, et j'aime à penser qu'après avoir passé neuf mois dans leur ventre, et être passé par leurs bras, l'enfant s'installe à vie dans leur tête ! Car même si une mère n'est pas sûre d'elle d'emblée, au point de supposer que les professionnels de la petite enfance sont plus compétents qu'elle, elle garde la conviction profonde d'être la plus concernée. Toutes les mères le confirmeront : lorsqu'un enfant ne va pas bien, à la crèche, chez l'assistante maternelle ou ailleurs, c'est toujours elles qui sont prévenues en priorité. Comme un rôle spécifique qui leur serait dévolu, elles quittent leur travail pour aller chercher l'enfant ou l'amener chez le médecin. Et cela à juste titre, selon D.W. Winnicott, pour qui « la mère est une spécialiste[1] » et a « l'aptitude à mieux comprendre son enfant que quelqu'un d'autre[2] ». De sorte que les pères se trouvent implicitement encouragés à poursuivre leur activité professionnelle, l'esprit libre, et sans qu'il leur en soit tenu rigueur. Ce qui heureusement ne leur interdit pas pour autant de s'impliquer d'une manière qui leur est propre, et bon nombre ne s'en privent pas.

Une femme qui avait pris la décision de se séparer de son mari dressait ce constat : « On conseille aux mères de laisser la place au père, mais s'il n'occupe pas cette place et que la femme se trouve obligée d'assumer la charge des enfants, on lui reproche de vouloir tout gérer et d'écarter le père... C'est insoluble ! »

Aussi, les pères qui ne font pas l'effort de participer aux contingences familiales, sinon de les partager équitablement (serait-ce du registre de l'utopie ?), découvrent paradoxalement leur capacité à s'impliquer davantage auprès de leurs enfants à la suite d'une rupture ou d'un divorce.

Combien de mères ai-je entendues constater pleines de regrets : « Il s'en occupe enfin ! » Comme si le divorce avait transformé cet homme indifférent à la charge qu'elles endossaient (parfois deux ou trois temps complets simultanés) en

---

1. *Ibid.*
2. *Ibid.*

homme sinon idéal, du moins acceptable, celui qu'il aurait dû être pendant leur vie commune, lorsque la famille était encore unie.

Si les femmes prennent l'initiative de divorcer, elles avouent souvent que c'est parce qu'elles ne supportent plus de devoir assumer seules, en plus de leur activité professionnelle équivalant à celle des hommes, la responsabilité des enfants et du foyer conjugal. Et de surcroît au détriment d'une vie de couple de plus en plus réduite. Quitte à faire seule, autant l'être vraiment, et se décharger du poids que peut représenter un homme qui néglige délibérément de se rendre disponible pour sa famille.

Une autre patiente constatait amèrement que, depuis son divorce, lorsque les enfants étaient chez leur père, elle avait enfin retrouvé du temps pour elle...

Selon des sondages récents, les hommes ne participent que douze minutes de plus par jour qu'il y a trente ans aux nécessités de la vie familiale! Ne pourraient-ils mettre à profit le temps libre récupéré par le passage aux trente-cinq heures, lorsqu'ils en bénéficient, pour prendre à leur compte une partie des responsabilités qui reviennent aux femmes? Imaginez: quatre heures hebdomadaires de temps de présence paternelle supplémentaire consacrée à la famille, quatre heures pour soulager la charge qui pèse sur les mères. Quelle manne! Mais les sondages montrent également que les femmes utilisent ces quatre heures supplémentaires pour assurer plus aisément les tâches du foyer!

Le sentiment de frustration des femmes a changé de registre. Même si elles «se réalisent» dans un monde du travail où leur implication est non seulement reconnue mais encouragée, elles prennent de plus en plus conscience de la nécessité d'un réaménagement qui tienne compte de leurs multiples fonctions. Et si elles ont accédé à une indépendance professionnelle et matérielle, c'est indéniablement par rapport au modèle masculin, mais sans tous les privilèges que confère ce statut. Car le fait de déléguer en partie les responsabilités matérielles aux hommes de bonne volonté ne les a pas pour autant dispensées d'assumer la presque totalité des tâches ménagères et des soins aux enfants. Aussi dénoncent-elles de plus en plus fort ce partage inéquitable, tant il est vrai que leur « autonomie » se décline sur un mode souvent dérisoire.

Pour autant, le fait que le père prenne sa part des responsabilités ne suffit pas à résoudre le dilemme dans lequel sont prises les mères.

Ainsi cet appel d'une jeune femme à propos de son fils âgé de 5 ans, qui depuis peu ne contrôle plus ses sphincters et se souille alors qu'il avait acquis la maîtrise de la propreté à l'âge de 2 ans et demi. Sur un ton où perce une grande inquiétude, elle me demande si elle doit venir accompagnée de l'enfant pour notre première entrevue. Je réponds qu'elle est seule juge pour apprécier si le petit garçon peut tout entendre de ce qu'elle souhaite évoquer. D'abord indécise, elle ne peut contenir plus longtemps l'émotion qui envahit sa voix et qu'elle tente d'expliciter aussitôt : « Je crois que je ne m'occupe pas assez de lui. Je me suis séparée de son père lorsqu'il avait 2 ans. Lui est musicien, s'absente souvent, mais dispose néanmoins d'un temps plus important que le mien pour s'en occuper. Quant à moi, mes responsabilités professionnelles m'imposent un rythme de travail éprouvant. Non seulement je voyage beaucoup, parfois très loin et long-temps, mais lorsque ce n'est pas le cas, je rentre si tard que je ne le vois pas davantage. Je me culpabilise sans répit, d'autant que si son père le voit irrégulièrement, il le fait plus facilement que moi. Je sens que mon fils m'en veut et me rejette au profit de son père qu'il sent plus disponible, même si c'est moi qui assure le quotidien. Lorsque je le sais avec son père, je me sens à la fois rassurée et exclue. Or cela dure depuis sa naissance, et je n'entrevois pas de solution. Je me demande si le problème actuel de mon fils ne découle pas de cette situation que je vis de plus en plus mal. »

À ce stade de son monologue, la jeune femme paraît si éprouvée qu'elle ne peut se retenir de pleurer. Consciente de la priorité qu'il y a à la soutenir, je lui suggère alors qu'elle vienne seule à notre premier rendez-vous, ainsi qu'elle le sous-entendait au début de son appel. Nous aviserons ensuite pour ce qui concerne son petit garçon.

Ce premier contact téléphonique m'est apparu, dans sa concision, représentatif du désarroi de beaucoup de jeunes mères prises dans un conflit insoluble : prodigieuses équilibristes écartelées entre leurs obligations professionnelles qui concrétisent leur désir d'indépendance, et leur implication familiale garante de leur équilibre affectif et de celui de leurs proches. Ainsi se retrouvent-elles culpabilisées face à une réalité complexe qui ébranle leurs convictions, à savoir leur capacité à relever le défi. Ces femmes dont on attend qu'elles soient partout à la fois tentent désespérément d'échapper à une éprouvante impression de morcellement.

Comme pour mon interlocutrice s'impose alors un dilemme crucial : suis-je prête à tout sacrifier pour ma carrière professionnelle ?

Même dans ce cas, où le père prenait sa part de responsabilité éducative – fait qui mérite d'être souligné –, cette jeune femme se sentait légitimement remise en question dans son rôle de mère d'un petit garçon, lui-même frustré de sa présence. Car les femmes ne sont pas toujours disposées, comme le sont généralement les hommes, à tout subordonner sans états d'âme au culte de la réussite professionnelle.

Le temps passé auprès de l'enfant dans la petite enfance est la garantie de pouvoir se réinvestir plus tard dans la vie professionnelle sans culpabilité. C'est un moment qui n'a qu'un temps et qu'il est hasardeux pour les parents de remettre à plus tard, au risque de voir leur enfant régresser ou développer ultérieurement des dysfonctionnements pour les contraindre à lui donner de la présence, alors que précisément il n'est plus vraiment temps pour ça. La société n'a pas à se substituer à ce rôle majeur des parents, de la mère en particulier, mais elle doit les aider à pouvoir faire leur choix librement.

Il est si difficile de trouver un compromis pour concilier les deux registres – emploi et famille – qui suppose un juste partage des tâches, que la solution passe bien souvent par l'autonomisation rapide de l'enfant. Mais ainsi, faute de pouvoir partager les responsabilités avec son compagnon, la mère contribue inconsciemment à protéger le père au détriment de l'enfant.

Pour investir la place qui leur revient, il reste aux hommes à revoir la conception de leur rôle en fonction de la nouvelle donne féminine. Un tel réajustement est indispensable pour préserver dans le couple les aspirations et l'espace de liberté de chacun. Et j'ajouterai, en premier lieu, les aspirations des enfants eux-mêmes, qui n'attendent qu'une chose : recevoir leur content de présence et d'attention de chacun des parents. C'est seulement à cette condition qu'ils pourront être initiés à devenir indépendants. Mais en aucun cas dans le sacrifice de ce qui leur revient de plein droit sur le plan de l'implication parentale, l'enfant se refusant de plus en plus souvent à n'être que le reflet aliéné de ses parents. Même si pour s'assurer de leur amour, vital pour lui, il s'adapte comme il le peut, et parfois avec difficulté ou souffrance, au rythme de vie inapproprié que ces derniers lui imposent.

3.

L'autonomie empêchée

«Une mère, c'est celle qui aime son enfant
en train de se détacher d'elle. »

Françoise Dolto

Parfois, il est impossible pour l'enfant de devenir autonome. Il le souhaite, mais, pour d'obscures raisons liées bien
souvent à son histoire personnelle, sa mère éprouve le
besoin anxieux de le maintenir dans un état de totale dépendance, l'empêchant ainsi de grandir. L'angoisse maternelle
peut être insidieuse, souterraine, sans se manifester par des
comportements surprotecteurs, et passer ainsi inaperçue. Les
troubles de l'enfant fonctionnent alors comme des signaux
d'alarme.

Une précision importante : cette incapacité à lâcher son
enfant se traduit néanmoins bien souvent dans la vie quotidienne par une difficulté à lui poser un cadre et des limites.
La raison en est simple : pour s'affirmer, prendre la mesure
de son désir propre, et donc s'autonomiser, l'enfant a besoin
de se confronter régulièrement au désir et à la volonté des
adultes.

« C'est pas bien de grandir ! »

Constance, 5 ans, est amenée par sa mère, inquiète des difficultés de sa fille à supporter l'absence de ses parents au point que, depuis peu, elle refuse même de les quitter pour se rendre à l'école.

La fillette a très mal vécu leur départ pour un voyage d'une semaine et, depuis leur retour, manifeste une grande détresse à chaque séparation. Sa mère la décrit comme « exigeante, jamais satisfaite, tyrannique dans la vie quotidienne ».

Je propose à Constance de dessiner sa famille. Elle s'applique puis s'interrompt : « Oh ! J'ai failli faire maman plus petite que moi ! » Elle rectifie la taille de sa mère et ajoute un bébé à peine visible entre elles deux. Le père est absent du dessin. Constance et sa maman sont penchées sur le bébé comme pour le protéger. Avant même que je lui pose la question, la petite fille commente avec satisfaction :

– C'est moi bébé.

– Qu'est-ce que tu pourrais bien dire ?

– Je dirais au bébé : « Je t'aime très fort et j'ai envie que tu grandisses. »

– Et la maman, qu'est-ce qu'elle pourrait dire ?

– Elle dirait au bébé : « Arrête ! »

Spontanément, Constance vient de traduire avec ses mots l'ambivalence dans laquelle elle se trouve, tiraillée entre son désir de grandir et celui de sa mère, qui lui ordonne de n'en rien faire. J'interprète également l'absence du père sur le dessin comme l'impossibilité pour la fillette de se rapprocher de son père et de s'engager dans la problématique œdipienne tant elle est prise dans une relation fusionnelle avec sa mère.

– Ce n'est pas facile de décider si tu préfères continuer à

être le bébé ou bien si tu peux accepter de te comporter comme une petite fille de 5 ans.

Constance me regarde, pensive, puis approuve de la tête.

Dès la séance suivante, le bénéfice de ce premier entretien est manifeste : Constance se dessine à nouveau petite fille et bébé, mais entre ses deux parents. Et c'est son père qui, cette fois, dit au bébé : « J'ai envie que tu sois grande. » La petite fille, elle, s'adresse ainsi au bébé : « J'ai envie que tu ailles à l'école. » Quant à la mère, elle se contente de dire : « Je t'aime. »

On constate une nette évolution dans ce deuxième dessin, que la mère confirme : les scènes sont moins fréquentes et l'entrée à l'école se passe mieux.

Que ce soit le père qui incite sa fille à grandir est sans aucun doute un signe de progrès : Constance se distancie progressivement de sa mère et ébauche son entrée dans l'œdipe. Mais je me dis qu'elle indique aussi, dans les mots attribués à sa mère, la réticence de celle-ci à accepter les changements. D'ailleurs, lorsqu'elle s'adresse à sa fille, elle l'appelle toujours « mon bébé »...

Je le lui fais remarquer et Constance, l'air contrarié, abandonne son jeu pour venir se blottir dans les bras de sa mère, comme pour la consoler. Émue, celle-ci se prête au jeu avec plaisir et n'encourage pas la fillette à retourner à ses occupations.

J'insiste :

– Quand une petite fille décide qu'elle ne veut plus se comporter en bébé, il faudrait que ses parents l'aident, parce que sinon elle peut craindre de leur faire de la peine. Peut-être joues-tu au bébé pour faire plaisir à ta maman ?

Lors de la première séance, la maman avait indiqué que Constance, née prématurément, avait été hospitalisée dans un service de néonatalité pendant deux mois. Une séparation que la jeune mère avait douloureusement ressentie. En outre, le papa ne souhaitait pas, vu son âge, avoir un deuxième enfant, malgré le désir de son épouse. Dès lors, on peut comprendre que ce bébé puisse avoir été surinvesti par sa maman. En réponse, Constance refusait de grandir et de devenir autonome pour ne pas frustrer sa mère, qui souhaitait inconsciemment que sa fille reste dépendante d'elle.

Spontanément, la jeune femme s'exprime alors sur ce sujet :

– J'ai bien du mal à renoncer à un deuxième enfant. Constance doit le sentir. Mais je ne veux pas qu'elle en souffre...

Paroles que je commente ainsi à Constance :

– Laisse ta maman et ton papa se débrouiller. Ils s'aiment et peuvent très bien se passer de toi pour résoudre leurs problèmes. Toi, tu penses le contraire et tu te crois indispensable, c'est pour cela que tu ne veux pas les quitter. Ils ne t'oublient pas quand vous êtes séparés. Mais chacun doit être libre de vivre sa propre vie, et la vie des adultes est différente de celle des enfants. Eux aussi ont été des enfants et ont accepté de grandir pour devenir des adultes. Chacun son tour. À toi maintenant de vivre ta vie heureuse de petite fille.

Sa mère, très attentive à mes propos, ajoute :

– Constance doit avoir du mal à s'y retrouver car, par ailleurs, je lui ai toujours donné le choix pour tout : la nourriture, les vêtements... alors qu'elle est trop petite pour assumer ses choix toute seule. Par moments, elle doit se sentir plus grande qu'elle ne l'est, et bébé à d'autres. D'autant qu'à l'école, on pousse les enfants à devenir autonomes de plus en plus tôt. Je réalise à quel point des attitudes aussi opposées peuvent être une source de confusion pour elle.

À ce moment précis, Constance intervient comme pour confirmer la prise de conscience de sa mère :

– J'aimerais bien rester chez les petits l'année prochaine. Si je vais chez les grands, je ne serai plus ton bébé. C'est pas bien de grandir! On ne peut pas faire tout ce qu'on veut!

Toute-puissance du bébé à laquelle la fillette avait du mal à renoncer... comme pour beaucoup d'enfants, ses désirs n'étaient que le reflet des désirs maternels inconscients.

Puis, spontanément, Constance se met à faire un dessin concrétisant ce qu'elle venait d'énoncer avec tant de véhémence:

– C'est un grand cheval qui ne veut pas avancer et là, c'est un petit cheval qui veut avancer. Une dame explique à une petite fille qui est sur le grand cheval comment il faut tenir les rênes...

Les enfants nous étonnent par leur capacité à nous communiquer un message essentiel pour eux, à leur manière et avec une économie de moyens, le plus souvent par le simple truchement d'un dessin. Je confirme alors son commentaire:

– Elle souhaite si fort apprendre à tenir les rênes de sa vie et à grandir qu'elle va sûrement y arriver, surtout si elle accepte d'être aidée par «la dame» (il y avait fort à parier que cette dame, c'était moi!).

La situation complexe de Constance et de sa maman s'arrangera rapidement, en quelques séances. Au terme de l'une d'elles, la jeune mère exprimera sa joie de voir les changements qui s'opèrent chez sa fille et aussi, sans doute, chez elle: «C'est génial de la voir grandir!»

Tout enfant ressent le besoin de se confronter régulièrement au désir et à la volonté de l'adulte pour prendre la mesure de son désir propre, une expérience essentielle à la prise d'autonomie. Les interdits auxquels le tout-petit s'oppose cachent bien des promesses, nourrissent ses rêves, et suscitent en lui l'effort indispensable pour être sûr de ce qu'il veut. Cela lui permet de se déterminer et de se construire un moi solide. En outre, le cadre ainsi fixé par les parents est profondément sécurisant pour l'enfant : les adultes qui justifient le fait de tout permettre sous prétexte de le respecter contribuent sans le savoir à le mettre dans une situation de toute-puissance trop lourde et angoissante pour lui.

Constance sortait d'une impasse où il lui était impossible de vivre simplement une vie de petite fille. Ses crises intenses, équivalant à un appel à l'aide, lui avaient permis d'exprimer son malaise, l'insécurité dans laquelle elle se trouvait plongée par l'attitude paradoxale de sa mère, celle-ci lui intimant l'ordre de rester bébé tout en l'autorisant à faire ce qu'elle voulait comme une grande. Comme si elle était suffisamment âgée pour savoir ce qu'elle voulait vraiment !

Qu'elle se comporte en bébé ou en adulte, Constance avait un sentiment de toute-puissance bien loin de l'autonomie véritable. Là encore, la dynamique d'autonomisation de la fillette se trouvait empêchée lorsque le souhait de sa mère était de la maintenir bébé, et devenait à l'inverse excessive lorsque cette mère répondait favorablement au moindre de ses désirs, même déraisonnables. Face à un comportement maternel aussi ambivalent, comment pouvait-elle se situer et trouver sa place dans la famille ?

Ainsi, alors que dans son premier dessin Constance exprimait la relation fusionnelle qui la liait à sa mère, son deuxième dessin, avec l'apparition de son père, ébauchait le processus de défusion, puisque le père, comme nous l'avons déjà évoqué, représente le tiers qui sépare symboliquement l'enfant de sa maman. Une nouvelle et saine dynamique familiale se mettait enfin en place…

L'objectif de toute éducation consiste pour les parents à trouver la bonne distance avec leur enfant. Ils doivent faire en sorte de le convaincre qu'ils ont une vie affective et sociale en dehors de lui et que, de ce fait, leur bonheur ne repose pas intégralement sur ses épaules. Ce qui protège son espace de liberté, autant que le leur.

Charles, un enfant tout-puissant

L'histoire de Charles, 4 ans, n'est pas sans point commun avec celle de Constance : lui aussi se trouve pris dans une relation maternelle aliénante sans que le papa puisse jouer son rôle de tiers séparateur. Sauf que sa situation est plus complexe encore : entre le père et le fils, en effet, c'est la guerre !

Lorsqu'il entre pour la première fois dans mon cabinet, je remarque d'emblée l'attitude provocante de ce petit garçon, qui me jette un regard vif avant de s'asseoir. La consultation est motivée par le fait qu'il se comporte de manière excessivement ritualisée.

En effet, Charles ne peut concevoir une action que dans la stricte répétition, que cela concerne un trajet habituel auquel il s'agit de ne rien changer, ou de gestes quotidiens qu'il tient à maîtriser dans leurs moindres détails. Ainsi est-ce lui et lui seul qui ouvre telle porte ou la ferme. Si par mégarde quelqu'un agit à sa place, il interprète aussitôt cela comme une ingérence dans son univers, et pique des crises interminables. À l'école, il décide lui-même des consignes de l'institutrice qu'il va accepter ou refuser d'exécuter. C'est du reste la maîtresse qui a alerté la famille. Selon le papa, ses nombreux rituels deviennent très contraignants pour la famille. La mère, elle, ne semble pas s'en alarmer.

Au cours de l'entretien avec ses parents, Charles reste très attentif à tout ce qui est évoqué concernant son comportement, source de désaccord pour ses parents. En effet, son père reproche à sa femme son laxisme vis-à-vis de Charles. « Elle entretient les tendances au lieu de les empêcher, dit-il.

53

Elle a peur de lui et va jusqu'à anticiper ses rituels pour éviter les crises, alors que moi, j'essaie au contraire de fixer des limites pour ne pas lui donner le sentiment qu'il peut décider de tout et se montrer plus fort que nous. »

À ce moment, Charles grimpe sur les genoux de sa mère, se colle contre elle, la submerge de questions, et tente de la détourner de notre conversation. Visiblement comblée d'être ainsi « élue » par son fils, la maman l'accueille sans broncher et le laisse interrompre l'entretien sans protester, tandis que le petit garçon lance à son papa un regard arrogant et jubilatoire. Le père se trouve de ce fait mis en échec par la coalition mère-fils qui, précise-t-il, « est constante et n'offre aucune prise à mon autorité ».

Pour sa femme, le père est « excessif » dans ses interventions éducatives, qu'elle juge « inadaptées et arbitraires, toujours à contretemps », comme s'il se servait de Charles pour la contrer et « prouver son efficacité ». « Efficacité relative ! » corrige le père sur un ton fataliste.

Cette maman à l'apparence plutôt immature se décrit comme encore très dépendante de sa propre mère, à laquelle elle fait sans cesse référence. Manifestement, elle peine à sortir d'une enfance très choyée. Elle me semble si empêtrée dans sa propre histoire qu'il n'est pas étonnant qu'elle se laisse harceler par son fils, en quête de limites cohérentes, de règles qu'elle-même n'a pas totalement acquises et qu'elle a peine à transmettre.

Quant au père, il n'a pas reçu davantage de repères, mais pour de tout autres raisons que son épouse : il exprime son regret d'avoir vécu une enfance déstabilisante sur le plan matériel comme affectif. « À l'âge de 14 ans, j'ai décidé de quitter ma famille pour ne plus subir le pouvoir destructeur de mes parents. J'ai dû grandir seul et je souhaite épargner cette épreuve à mon fils », explique-t-il.

Charles souffrirait-il ainsi d'un manque de limites claires, son père ne pouvant lui en donner, et sa mère se refusant à lui en imposer ? Or, sans l'acceptation préalable de contraintes, aucune liberté constructive ne peut être prise. Sa mère anticipe et valide sans distinction tous ses désirs, jusqu'à ces rituels aux enjeux stériles qu'il s'impose et qui le comblent de façon transitoire. Car un acte répétitif n'est pas un acte choisi, mais subi de façon impérative et irrépressible. Tout le contraire d'un acte délibéré et autonome !

Dans une famille où personne n'est plus ni à sa place ni dans son rôle, l'enfant vit dans un climat d'insécurité permanente, le « tout permis » étant tout aussi angoissant que le « tout interdit ». Il se trouve malgré lui figé dans un faux statut d'adulte qui, loin de le rendre indépendant, l'empêche en outre de grandir.

Ayant intégré que sa maman le privilégiait, lui, le fils, au détriment de son père, dont elle ne cesse de dévaluer l'autorité, Charles est en droit d'imaginer avoir pris la place de son papa auprès d'elle. Celui-ci, ayant alors perdu toute crédibilité, ne peut plus représenter le tiers séparateur, celui qui censure et impose la loi. On comprend qu'une telle situation ne contribue guère à ce que Charles s'achemine vers la résolution de son œdipe.

La conséquence directe du comportement fusionnel de la mère et du fils est que Charles manque de contacts avec son père. Or c'est un garçon et il a besoin de s'identifier à lui en tant que référent du même sexe. Pour tout enfant, cette question de l'identification est fondamentale. Mais comment va-t-il y arriver ? Charles tient sa mère tout autant qu'elle le tient, le rend dépendant d'elle en entretenant chez lui le sentiment qu'il est le seul en mesure de la combler. La défusion indispensable à la prise d'autonomie de ce petit garçon semble impossible tant que personne ne s'imposera dans ce duo.

Dans une situation aussi complexe, il va de soi que la prise en charge de Charles ne pouvait s'envisager sans la coopération de ses parents, afin que chacun d'eux, tout comme leur fils, puisse retrouver sa juste place au sein de la famille.

Fréquemment repéré à l'école, le manque de cadre et de limites est devenu un symptôme en soi dans notre société. Il n'est pas rare de recevoir en consultation des parents désemparés, qui ne parviennent pas à faire accepter à leur enfant certaines règles éducatives de base, nécessaires pour vivre en relative harmonie avec les autres. Et qui souffrent de cette situation : selon un sondage Ipsos[1] de 2011, 67 % des parents pensent manquer d'autorité et 75 % jugent qu'il est plus difficile qu'autrefois d'élever ses enfants. Avec, à la clé, une mauvaise estime de soi pour ces adultes qui doutent de leurs capacités à remplir convenablement leur rôle.

Probablement ont-ils tendance à confondre une permissivité contrôlée, qui inclut une part non négligeable de frustration, et le « tout autorisé », par crainte de faire de la peine à leur enfant ou de générer des conflits. Celui-ci ne s'y trompe pas et repère très vite les bénéfices qu'il peut tirer de l'ambivalence parentale.

Malgré cette liberté sans contraintes, l'enfant n'est pas autonome pour autant, puisque l'autonomie s'acquiert dans l'acceptation de certains renoncements au plaisir immédiat, indispensables à l'apprentissage de la vie. L'expérience de la « castration symboligène[2] », c'est-à-dire la frustration par rapport à la toute-puissance du désir, reste un passage obligé pour tout humain. Tout parent se doit d'imposer ce passage à son enfant, s'il souhaite le rendre tant soit peu adapté à la réalité.

Dans un contexte où aucune limite ne lui est imposée, Charles n'a pas l'occasion de ces renoncements. Ce qui ne

---

1. Sondage pour *Enfant Magazine* et *Femme actuelle*, octobre 2011.
2. Françoise Dolto, *La Cause des enfants*, Robert Laffont, 1985.

contribue pas à l'avènement de son surmoi. L'autoresponsa-bilisation dépend, en effet, de ce surmoi qui se construit à partir d'interdits imposés d'abord de l'extérieur à l'enfant, qu'il intériorise par la suite et auxquels il se référera tout au long de sa vie.

Tout enfant doit donc intégrer ces processus pour s'affir-mer progressivement comme capable de gérer ses affects et ses rapports aux autres, c'est-à-dire de développer sa capa-cité à être « un parmi les autres en société, pour conserver son indépendance de pensée tout en restant lui-même[1] », une intégration sociale qui débute dans le microcosme familial.

Samuel veut guérir sa maman

La dépendance mutuelle de Samuel et de sa maman se situe dans un contexte radicalement différent. Chez ce petit garçon âgé de 5 ans, toute séparation avec sa mère génère de véritables crises de panique et rend impossible son entrée à l'école. La gravité et la tristesse qui émanent de lui sont frappantes.

Sa mère, déjà malade avant sa naissance, a dû subir depuis plusieurs interventions invalidantes qui ont nécessité des hos-pitalisations répétées. Lors de ses rechutes, les difficultés du petit garçon n'ont fait que s'amplifier. Sa mère insiste sur le fait que la naissance de Samuel lui a redonné la force de se battre. Il est devenu son prolongement et sa raison de vivre.

Lors de ce premier entretien, Samuel ne cesse de régler son regard et sa parole sur ceux de sa mère, qu'il contrôle en permanence, guettant le moindre signe d'assentiment ou de réprobation de sa part. Manifestement, sa relation à sa mère

---

1. Françoise Dolto, *Les Étapes majeures de l'enfance*, Gallimard, 1994.

est si fusionnelle qu'elle le prive de tout espace personnel, voire de toute identité propre.

Samuel se vit comme le garant de la vie de sa mère. Dans ces conditions, il lui est impossible d'accepter de se séparer d'elle car il a bien trop peur qu'elle meure durant son absence. Ainsi a-t-il endossé un rôle de soutien exorbitant pour un si jeune enfant, rôle que son père, trop éprouvé par la maladie de sa femme, se sent incapable d'assumer. Samuel, d'ailleurs, refuse tout contact avec ce papa qu'il perçoit comme trop fragile et peu sécurisant.

Lors de cette première rencontre, Samuel dessine une maison dans laquelle se trouve un petit garçon, puis m'explique :

– Le petit garçon voudrait sortir mais la porte est fermée…

Ce que j'interprète ainsi :

– Le petit garçon aimerait bien être libre, mais il n'a peut-être pas la clé. Il a sans doute besoin d'être aidé pour la trouver.

Et pour conclure cette première séance, je signifie à Samuel que son rôle ne consiste pas à soigner sa mère, qu'elle peut trouver de l'aide ailleurs, que son père est là lui aussi pour la soutenir et la protéger, qu'il n'a pas pour mission d'être le thérapeute de sa mère et qu'« un petit garçon a sa propre vie à vivre ».

Samuel réagit aussitôt à mes paroles en demandant l'autorisation d'appeler son père au téléphone pour lui proposer de venir nous rejoindre. En l'intégrant symboliquement à notre séance, il me signifie qu'il a compris le message, et je perçois chez lui un sentiment de soulagement lorsque nous nous quittons. C'est en souriant qu'il accepte ma proposition de revenir accompagné de son papa.

Lors de ce deuxième rendez-vous, Samuel dessinera un roi et une reine qui « habiteraient tout en haut d'un château, le plus grand château du monde ». Lui, serait « au deuxième étage juste au-dessous du roi et de la reine ».

Je lui fais remarquer que, dans ce dessin, il semble accepter d'occuper une autre place : celle du petit garçon de 5 ans, fils du couple formé par ses parents.

Au cours des séances, il apparaît de moins en moins déprimé et se comporte davantage avec l'insouciance propre à son âge. Progrès qui se concrétisera dans la disparition de sa phobie scolaire et dans sa capacité progressive à vivre des temps hors de la présence maternelle, tout en éprouvant du plaisir dans la relation établie avec son père.

On voit, dans ce cas, comment un enfant, même très jeune, peut se sentir garant de l'intégrité physique ou psychique de l'un de ses parents. Dès lors, comment pourrait-il accéder à l'autonomie alors qu'il se trouve piégé par la nécessité de combler les défaillances parentales ?

Ce constat engage à aborder avec prudence la conception de l'autonomie. Celle-ci peut en effet se trouver freinée par des difficultés que l'un des parents projette inconsciemment sur l'enfant, ou que l'enfant ressent comme lui étant destinées. En prenant ainsi en charge la fragilité de son environnement, l'enfant s'applique à « réanimer » le parent défaillant, trop souvent à son détriment.

Dominique ou l'enfance interdite

À l'opposé de ces enfants chargés trop tôt de responsabilités au-dessus de leur âge, d'autres peuvent souffrir d'être maintenus sous la tutelle écrasante de leurs parents. Dociles à l'excès, appliqués à suivre à la lettre les directives qui leur sont données, ils perdent progressivement tout sens de l'initiative. Leurs rêves, leurs désirs – quand ils en ont – tournent à vide, sans être suivis d'un semblant de réalisation, tandis que leur créativité, c'est-à-dire leur capacité à inventer et à explorer des chemins nouveaux, s'appauvrit.

Ainsi cette fillette âgée de 10 ans, Dominique. Ses parents consultent en raison de ses difficultés à s'imposer et de son inhibition en classe où, malgré d'excellents résultats, elle panique dès qu'elle doit répondre oralement. Figée, les bras collés le long du corps, Dominique s'interdit le moindre geste spontané. Elle semble toujours attendre que quelqu'un l'y autorise. Sa voix à peine audible est celle d'une toute petite fille. Lors de notre première entrevue, lorsque je lui adresse une question simple, elle se tourne aussitôt vers sa mère avec un regard inquiet dans l'espoir, sinon de la voir répondre à sa place, du moins de l'entendre lui souffler la réponse. Dominique a un frère dont elle est l'aînée de trois ans, qui « vit sa vie » sans problème.

Un an avant sa naissance, sa mère a perdu une petite fille à deux jours de vie. Très angoissée pendant la grossesse et après la naissance de Dominique, la maman a exercé sur elle une vigilance de tous les instants, dans la crainte incoercible de ne pas assez la protéger et de la perdre. Sous son contrôle permanent, Dominique n'a pas été encouragée dans ses initiatives, mais au contraire incitée à renoncer à toutes ses entreprises, même les plus banales. Tout était dangereux : manipuler le sable « pollué » du square, porter un jouet à sa bouche, embrasser un autre enfant ou un adulte, partager une friandise… – tout ce qui venait de l'extérieur. Sa mère seule savait ce qui était bon ou mauvais pour elle, et c'était sans appel.

Entravée dès son plus jeune âge dans toutes ses tentatives d'autonomie, Dominique avait surdéveloppé son intellect au détriment de l'intelligence du corps, des sensations et des affects, qui s'éprouvent en particulier dans le jeu. Elle avait intériorisé les interdits maternels au point de tout s'interdire en permanence.

À l'école, elle recherchait la protection d'une camarade autoritaire qu'elle suivait aveuglément. Sans avoir la moindre conscience de se faire manipuler ni de devenir l'objet entre les mains de cette « amie », elle reproduisait le schéma de sa relation avec sa mère. À peine osait-elle se plaindre d'être rejetée, ce qui lui arrivait souvent, et lui occasionnait de fréquentes insomnies. Ce sont du reste ces insomnies, dont elle commençait à souffrir chroniquement, qui avaient fini par alerter ses parents, guère conscients jusque-là de ses problèmes.

Elle se trouvait démunie devant la moindre difficulté et dans une totale méconnaissance de la complexité de la relation aux autres. Son existence se résumait à une vie répétitive, monotone et sans fantaisie, sans créativité, au point que l'idée de désobéir ne l'avait même jamais effleurée. On ne sentait en elle aucune velléité d'opposition, et encore moins de transgression car, outre une certaine audace, la transgression exige de l'imagination et une capacité à éprouver de la curiosité, voire à se projeter dans l'acte interdit. Ce dont elle était incapable tant la surveillance permanente dont elle faisait l'objet l'avait, en quelque sorte, dévitalisée.

Protégée de tout, des autres, mais surtout d'elle-même, Dominique ne connaissait que la dépendance. Paradoxalement, elle était à la fois trop défendue et sans défense, n'ayant jamais pu mettre en place la confiance en soi la plus élémentaire qui naît chez le jeune enfant avec la capacité d'explorer le monde qui l'entoure, soutenu et encouragé par ses parents.

Les racines de ses difficultés plongeaient plus loin encore, comme en témoigne cette anecdote : lors d'un séjour en province chez ses grands-parents, elle avait, au moment de les quitter, insisté pour porter la même tenue qu'à son départ. Par peur – assurait-elle – que sa mère ne la reconnaisse pas à son arrivée ! On imagine aisément ce qu'une telle

interprétation de sa part révélait sur la fragilité de son identité. Elle était en effet dépositaire d'une mission difficile : exister par elle-même aux yeux d'une mère qui, dans son
inconscient, la confondait avec l'enfant morte qui l'avait pré-
cédée, idéalisée pour toujours. Dominique se trouvait dans
une impasse : enfant de remplacement, elle était en fait iden-
tifiée à un être mort.

C'est précisément cette projection faite sur elle par sa mère
que Dominique avait intériorisée, et cela au point de ne pas
pouvoir être elle-même, jusqu'à s'interdire d'être vivante.

En aidant sa mère à prendre conscience de ses projections
mortifères sur sa fille et, ainsi, à changer son regard sur elle,
la psychothérapie a permis à Dominique de parvenir progressivement à dénouer les liens qui la maintenaient prisonnière
des angoisses maternelles. Et à acquérir un espace suffisant
pour être capable de dire « je ».

Découvrir l'autonomie par le jeu

Dominique était si dénuée de capacité d'initiative et prisonnière d'un contexte familial si peu stimulant que la question du jeu ne se posait même pas pour elle. Elle n'y avait
pratiquement jamais eu accès.

En effet, le jeu nécessite que la mère laisse un minimum
d'espace libre à son enfant pour que celui-ci puisse y exercer ses capacités d'autocréation.

S'il est un domaine où l'enfant peut repousser les limites
que lui imposent son immaturité et sa dépendance aux
adultes, c'est bien celui du jeu. C'est dans le jeu que l'enfant
peut s'autoriser sans risque à ne dépendre que de lui-même.
La libre organisation de ses fantasmes, de ses désirs, qu'il met
ainsi en scène, lui procure une jubilation liée à la découverte
du sentiment de liberté. Il découvre une autonomie, certes

temporaire, mais qui lui permet d'entrevoir la possibilité de devenir un jour le maître de sa propre vie.

Le jeu représente pour l'enfant une source inépuisable de quiétude et de contentement. C'est ainsi qu'il peut progresser là où ses initiatives le motivent pour accroître toujours plus son espace de liberté. Son inventivité naturelle lui inspire des scénarios où les obstacles à surmonter relancent indéfiniment sa créativité et sa persévérance. Dans ses mises en scène, il réutilise autrement tout ce qu'il a inventorié. Chaque situation nouvelle est appréhendée différemment et trouve sa résolution grâce aux traces laissées par les expériences antérieures.

« Jouer c'est apprendre à être, c'est apprendre à vivre aussi bien seul qu'avec les autres[1] », affirme Françoise Dolto. C'est faire l'expérience d'une autonomie future, celle qui permet de se suffire à soi-même dans les moments de solitude et de savoir rester soi-même en collectivité.

En premier lieu, c'est avec sa mère que l'enfant s'initie au jeu. Ensuite, à cause ou plutôt grâce à ses absences et à la frustration qu'il en ressent, il fabrique l'illusion de sa présence. Son tout premier jeu, il le crée de lui-même pour tolérer son impuissance à faire réellement surgir sa mère. Cette capacité d'illusion constitue un pas décisif vers l'autonomie de pensée qui lui fait accéder à la faculté d'être seul en présence d'un autre.

Il est important qu'une mère évite d'être trop comblante et accepte que quelque chose de l'enfant lui échappe. Une mère envahissante et possessive, qui anticipe tous les besoins de son enfant et comble tous ses désirs pour le protéger des dangers d'un monde perçu comme hostile, ne donne pas à l'enfant la chance de vivre des frustrations auxquelles il pourrait alors substituer des illusions compensatoires. C'est dans

---

1. *Ibid.*

un espace psychique laissé libre par la mère que l'enfant peut jouer avec ses idées et faire l'expérience de l'autonomie créative.

La seule place concédée à Dominique se limitait à n'être que le prolongement de sa mère. Une mère qui avait vampirisé tous les désirs potentiels de sa fille. Non seulement Dominique n'exprimait aucun désir personnel, mais elle n'avait même pas acquis la capacité d'imaginer qu'elle puisse en avoir. Avec les meilleures intentions du monde, sa mère lui avait « coupé les ailes ».

Tout enfant devrait pouvoir bénéficier de la confiance de ses parents dans sa dynamique de vie. Une confiance dont le message, calqué sur celui de Françoise Dolto, se résumerait ainsi : « N'aie pas peur... »

Ce n'était pas le cas pour Dominique, imprégnée dès sa naissance de l'idée mortifère que tout est dangereux, idée qui avait étouffé tout désir en elle, désir primordial pour insuffler le goût de la vie et la mise en œuvre d'un moi autonome.

Cet accomplissement n'était, hélas, pas pour demain, tant était exorbitante l'influence des projections maternelles. Pour aider cette enfant à se dégager de ce qui risquait d'hypothéquer gravement sa vie, il fallait au préalable sensibiliser sa mère au degré d'aliénation de l'enfant, tout en veillant à ne pas la culpabiliser. Car sans doute avait-elle cru bien faire, ou n'avait-elle pas eu le choix de faire autrement, compte tenu du drame auquel elle avait été confrontée lors de la perte de son premier enfant. À cet égard, et dans un souci de prévention, il est fort regrettable qu'elle n'ait pas bénéficié, à cette époque, d'un soutien psychothérapeutique pour l'aider à dépasser ce deuil douloureux, et faire en sorte que celui-ci ne pèse pas sur les enfants à venir.

Je comptais beaucoup sur la capacité du père à se mobiliser pour défusionner la mère et sa fille, et ainsi les libérer l'une de l'autre. Le rôle majeur qui revient au père ne doit en effet jamais être sous-estimé, mais au contraire toujours être encouragé. Sa place consiste à servir d'interface entre la famille et la société, et à permettre à l'enfant de se dégager de l'influence d'un matriarcat éducatif, accentué par une féminisation des professions liées à l'enfance. De surcroît, certains enfants sont très peu en contact avec leur père, d'autres vivent avec leur mère célibataire, ne rencontrent pratiquement jamais d'hommes et occupent, de ce fait, la place laissée libre auprès de leur mère. Ces enfants-là sont privés de références masculines et de figures d'autorité qui leur sont nécessaires pour s'identifier dans le respect de la différence des sexes. S'ils ne trouvent pas de substitut paternel, cet état de fait caractéristique de notre société peut se révéler très préjudiciable à leur développement psychoaffectif et à la construction de leur identité.

4.

L'autonomie sur commande

> « L'enfance a ses manières de voir, de pen-
> ser, de sentir qui lui sont propres ; rien n'est
> moins sensé que de vouloir y substituer les
> nôtres. »
>
> Jean-Jacques Rousseau

À l'inverse de Constance, Charles, Samuel ou Dominique, « interdits » d'autonomie en raison de la complexité des relations familiales, d'autres enfants sont poussés trop tôt vers l'indépendance, sous couvert de leur émancipation. Ils peuvent alors faire preuve de ressources extraordinaires pour se prendre en charge et assumer avant l'heure des responsabilités importantes. Mais à quel prix ?

Quand une fausse maturité génère de la violence

Un jour, lors de l'une de mes vacations en crèche, une éducatrice de jeunes enfants demande à me parler en urgence. Elle se dit bouleversée par un cauchemar qu'elle a fait la nuit précédente. Dans ce rêve, elle étranglait les petits de sa section avec la guirlande de Noël qu'elle venait juste de confectionner avec eux. L'idée qu'un tel acte ait pu l'effleurer, même en rêve, l'avait mise en état de choc. Si bien qu'elle se sentait incapable de reprendre normalement son travail et envisageait même de démissionner. Une question la taraudait : « Moi qui ai choisi ce métier par passion, comment est-il possible que je puisse éprouver des sentiments aussi agressifs à l'égard d'enfants ? »

J'évaluai rapidement l'intensité de sa souffrance et le risque d'effondrement qui pouvait en résulter. En outre, j'étais persuadée que les enfants dont elle s'occupait (avec une compétence reconnue par tous) n'étaient pas la cible de ce rêve mortifère. Dans le souci d'alléger rapidement le poids de son angoisse, je lui proposai de l'aider à décoder le sens de ce rêve, ce qu'elle accepta avec soulagement.

L'interrogeant sur son passé, j'appris que cette jeune femme était l'aînée d'une fratrie de six enfants. Sa mère, qui souffrait de dépression chronique que seules ses grossesses suspendaient provisoirement, l'avait réquisitionnée très jeune, à environ 6 ans, pour s'occuper de ses petits frères et sœurs. Ainsi avait-elle passé son enfance à assumer de lourdes responsabilités.

Associant spontanément ses souvenirs à ce rêve obsédant, elle découvrait avec surprise le sens caché de son agressivité à l'encontre des enfants : replacée dans le contexte de son enfance sacrifiée, la violence de son geste traduisait en effet l'ambivalence des sentiments qu'elle avait éprouvés à l'égard de ses frères et sœurs plus jeunes dont elle avait eu la responsabilité. Une agressivité longtemps refoulée et que ce rêve avait enfin dévoilée.

Enfant, comment aurait-elle pu exprimer le moindre ressentiment face à une mère fragile dont elle était devenue à la fois le soutien et le substitut, non par choix mais par nécessité ? C'est le déplacement de son agressivité inconsciente vis-à-vis de sa fratrie qui, projetée sur les enfants de son rêve, lui révélait enfin la mesure de sa souffrance infantile.

Certains choix de vie ou de carrière se révèlent ainsi être liés à des événements refoulés du passé, ou bien à la transmission de problèmes familiaux non résolus. Ainsi, dans le cas de cette jeune éducatrice, le désir de travailler dans une crèche auprès de jeunes enfants pouvait-il se comprendre comme une tentative de réparer les sentiments négatifs inconscients qu'elle avait pu éprouver à l'égard de ses frères et sœurs.

À l'issue de cette consultation improvisée et atypique, son désarroi enfin apaisé, je l'encourageai à entreprendre une psychothérapie afin de se libérer de la violence insoupçonnée dont elle venait de prendre conscience.

On voit ici dans quelles affres un enfant peut être plongé lorsqu'il lui est attribué trop tôt des responsabilités trop écrasantes. Il en résulte une souffrance dont les traces, reléguées dans l'inconscient, peuvent s'exprimer des années plus tard sous une forme totalement imprévisible, comme l'était le rêve de l'éducatrice. Car si tout enfant s'adapte en général avec docilité à ce qu'on exige de lui, n'est-ce pas dans l'espoir de conserver l'amour des adultes dont il dépend ? Comme l'a justement relevé Donald W. Winnicott, « cet enfant sera vieux prématurément. Il perdra sa spontanéité, sa faculté de jouer, sa pulsion créatrice libre de toute contrainte, devenu celui sur lequel on s'appuie[1] ». D'où ce constat lucide de la jeune femme :

– Au fond, pour protéger ma mère, j'ai endossé dès la petite enfance des responsabilités d'adulte. Je ne me suis jamais révoltée ou opposée à elle, comme le font les

---

1. Donald W. Winnicott, *Jeu et réalité*, Gallimard, 1975.

adolescents. Peut-être qu'en choisissant de travailler avec des enfants, c'est ma propre enfance que je cherche à retrouver...

J'ajoutai :

– Peut-être est-ce également une façon pour vous de réinterroger votre propre enfance en espérant trouver la réponse à la question : « Qu'est-ce que l'enfance ? », là où la vôtre semble avoir été bien malmenée ?

En outre, revenant sur l'impact négatif que son rêve avait eu sur elle, j'en positivai autant que possible les effets :

– Ce rêve vous offre l'opportunité de résoudre enfin tout ce qui vous encombre depuis la petite enfance, et qui est resté en suspens jusqu'à aujourd'hui.

Il s'agissait en effet pour elle de se débarrasser de la fausse maturité qu'elle avait édifiée pour s'adapter à la situation familiale et aux exigences de sa mère, et de surmonter enfin la souffrance qui s'en était suivie.

Annie, confidente de sa mère

Comme nous l'avons vu avec l'histoire de cette jeune éducatrice en crèche, un enfant est parfaitement capable de renoncer à acquérir progressivement son autonomie pour se conformer à l'attente de ses parents. Pour ce faire, il met en place un « faux moi », c'est-à-dire une personnalité de façade destinée à leur faire plaisir tout en s'adaptant à leur demande de se prendre en charge lui-même. Il s'agit, en sorte, de paraître tel que les adultes veulent qu'il soit. Bien souvent, ce faux statut de petit adulte le contraint aussi à devenir le soutien d'un père et d'une mère défaillants ou trop immatures. Une telle situation l'empêche de se construire une personnalité propre, avec toutes les conséquences désastreuses que l'on peut imaginer sur sa future vie d'adulte.

C'est ce que montre l'histoire d'Annie, une jeune femme venue me consulter pour résoudre un grave problème de confiance en soi qui la pénalise dans tous les domaines de son existence. Annie est née en 1969 de parents soixante-huitards qui se sont rencontrés très jeunes et se sont mariés à l'annonce de cette grossesse accidentelle, bientôt suivie par la naissance d'une seconde fille. Très tôt, Annie a compris qu'elle ne pourrait pas compter sur ses parents. Elle décrit une mère infantile qui passait son temps à espérer le retour de son mari volage, et ne s'adressait à sa fille aînée que pour se plaindre de son infortune et lui réclamer du réconfort.

– Ma mère ne me parlait que de ses problèmes, raconte-t-elle. Elle nous a oubliées, ma sœur et moi. Elle était tout juste présente à elle-même, mais absente pour nous. Nous devions nous débrouiller seules et il nous arrivait, à l'âge de 9-10 ans, de devoir acheter la nourriture nécessaire à la famille. Nous étions même en possession de la carte bleue de ma mère! Curieusement, nous n'en avons jamais profité. Un peu plus tard, adolescente, je me souviens que j'empruntais les vêtements de ma mère, son manteau de fourrure notamment, pour «frimer» devant mes amis, mais aussi pour me donner l'illusion que je lui ressemblais. Je n'ai pas le sentiment d'avoir eu une enfance normale, et je me demande si je ne me comporte pas maintenant comme une petite fille toujours en décalage par rapport aux autres. Je ne suis pas passée par les étapes habituelles de la vie, écrasée trop jeune par trop de responsabilités. Malgré tout ce que je prenais en charge, je n'ai pas l'impression d'avoir mûri, évolué, comme si j'étais bloquée dans l'enfance sans avoir eu pour autant le droit d'avoir des moments d'insouciance. J'ai dû y renoncer malgré moi, avec un regret qui ne s'est jamais atténué.

Confidente d'une mère fragile et souvent déprimée, Annie était une petite fille solitaire, triste et en retrait par rapport aux enfants de son âge. En revanche sa sœur se montrait plus enjouée et sociable, sans doute libérée d'être le soutien de leur mère, rôle dont Annie était chargée.

– C'est sympa d'avoir des parents jeunes, poursuit celle-ci. Mais s'ils n'assument pas leur rôle, ils ne servent à rien. Mon père n'était jamais là, il m'a ainsi privée d'une référence masculine importante. J'ai l'impression aujourd'hui d'être une femme sans l'être vraiment, et pourtant, j'ai tellement besoin d'être reconnue et aimée ! J'ai le sentiment de n'avoir droit à rien. J'ai tellement espéré, en vain, recevoir de l'amour et de l'attention de la part de mes parents… Mais ma sœur et moi n'étions que les lointains satellites de leur couple.

Ainsi, en quelques phrases, Annie confirmait que le fait de n'avoir pas pu s'appuyer sur des parents matures a conditionné sa vie actuelle d'adulte. En outre, un excès de responsabilités assumées trop tôt l'a acculée à troquer les aspirations légitimes de l'enfance pour une réalité qui n'aurait pas dû être la sienne. Elle conclut :

– Seuls m'attirent aujourd'hui ceux qui ne peuvent rien me donner et attendent tout de moi, comme on l'attend d'une mère. Alors je continue à assumer ce rôle, celui qui m'a été dévolu toute petite. Je n'ai pas d'autres repères et ne sais pas me comporter différemment. À 30 ans, je ne sais toujours pas comment assumer un rôle de femme à part entière.

Figée dans le seul rôle qu'elle connaît, Annie a comme modalité relationnelle à l'autre le seul dévouement altruiste :

– Je n'attends rien des gens, et je ne peux rien demander pour moi puisque ma seule raison d'être se limite à leur venir en aide lorsqu'ils en ont besoin. C'est ma seule façon d'exister à leurs yeux.

Annie n'a jamais pu identifier ni exprimer ses désirs, ses besoins propres. Et l'autonomie précoce imposée dans son enfance l'a placée dans une impasse : elle dépend des besoins des autres. C'est le contraire de l'autonomie.

Contraindre un enfant à sauter une ou plusieurs étapes

de son développement le confronte, plus tard, à la nécessité douloureuse de rattraper le temps qui lui aura manqué pour se développer et mûrir.

Clément aux émotions verrouillées

Durant le travail analytique qu'il a entrepris récemment pour sortir d'un isolement qui le fait souffrir, Clément, jeune étudiant, se dit angoissé par un rêve tenace et récurrent dans lequel il se noie. Il se remémore alors une scène de son enfance :

– J'avais un peu plus de 3 ans et nous passions, mes parents, mon petit frère et moi, nos vacances à proximité d'un lac. Mon père, militaire, revendiquait de faire de ses fils des enfants audacieux, téméraires, capables d'affronter n'importe quelle situation. Le contraire de « poules mouillées », selon son expression… Un jour que nous étions dans une barque, il m'a forcé à sauter dans l'eau malgré les protestations de ma mère, à laquelle je me raccrochais. « Nage ! » a-t-il crié. J'avais acquis quelques rudiments de natation en piscine, et j'étais terrifié à l'idée de me trouver seul au milieu de ce lac immense et sombre. Je me souviens des cris de ma mère, et de mon père hilare devant mes efforts désespérés pour maintenir ma tête hors de l'eau. Je paniquais tellement qu'il a fini par venir à mon secours, sans m'épargner ses moqueries. À partir de cet instant, je me suis dit que si mon propre père était capable de m'imposer des épreuves aussi cruelles, il ne pouvait plus incarner la sécurité à mes yeux. Je me méfiais de lui. Alors, tout en me pliant à ses exigences pour avoir la paix, je me suis endurci de façon à ne plus compter que sur moi-même. J'ai renoncé à me plaindre. À partir de ce jour, je crois que je n'ai plus eu confiance en aucun adulte.

73

De toute évidence, ce père rigide et sans états d'âme avait au passage verrouillé toutes les potentialités affectives de son fils. Certes, l'enfant s'était résigné à dépasser cet épisode traumatique et avait consenti à intégrer le message éducatif paternel : devenir autonome au plus vite. Mais dans une autonomie solitaire, établie aux dépens de sa capacité à s'engager dans une relation avec autrui. Car, pour lui, un lien affectif ou social était potentiellement source de désillusion ou, pire, d'une souffrance à laquelle il ne voulait plus risquer d'être exposé.

Clément gardait de la scène du lac la conviction de n'avoir pas été respecté ni écouté. L'obéissance aveugle qu'on avait exigée de lui, et dont cette baignade forcée n'était qu'un épisode parmi d'autres, ne lui avait pas permis d'affirmer sa personnalité, ni de s'épanouir dans des choix personnels. L'option éducative de son père reposait sur un abus de pouvoir qui, loin de protéger les enfants, leur imposait de se soumettre aux injonctions paternelles et ne tolérait aucune contestation.

Pour ne plus jamais être soumis à la volonté d'un autre, Clément avait renoncé à établir des liens avec les autres. Il vivait dans un état apparent d'inaffectivité, ne laissant rien paraître de ses émotions, celles-ci étant pour lui une marque de faiblesse. Il était devenu un « handicapé affectif », incapable de se laisser aller tant était omniprésente sa crainte de souffrir. « À force d'avoir contenu mes sentiments, j'ai fini par m'interdire de ressentir quoi que ce soit. » Paradoxalement, identifié à ce « père agresseur » dont il avait intériorisé les procédés, il annulait toute ébauche d'émotion en utilisant envers lui-même la coercition dont son père avait usé et abusé à son égard.

Du coup, sa capacité à communiquer s'était réduite au minimum indispensable à son insertion à l'université. S'il s'épargnait ainsi d'éventuelles souffrances amicales ou sentimentales, il n'en évaluait pas moins avec lucidité le degré pathétique de son isolement. Grâce à la psychanalyse, il espérait retrouver dans le dédale de son enfance éprouvée les modalités de l'échange avec autrui. Car il avait désormais conscience qu'en restant enfermé dans la citadelle imprenable qu'il s'était construite, sa vie stérile ne valait pas la peine d'être vécue : « Comment reprendre confiance en moi et dans les autres ? N'est-ce pas trop tard ? »

Tout enfant reste longtemps soumis au bon vouloir de l'adulte et se dégage progressivement de cette dépendance. Le seul problème qui se pose pour lui de façon permanente concerne les degrés de sécurité ou d'insécurité avec lesquels il lui faut compter dans son environnement immédiat. Le risque de l'excès de sécurité, mais également d'insécurité, a pour effet de le paralyser dans ses tentatives d'exploration du monde. Le rôle des parents consiste alors à aménager un univers rassurant, qui préserve la capacité progressive de l'enfant à se séparer d'eux.

Françoise Dolto insiste sur le fait que « cette première éducation qui consiste à poser les limites est ineffaçable dans la mesure où c'est elle qui va structurer la personnalité de l'enfant, sa façon d'être dans la vie[1] ». Ainsi, ne pas tolérer chez un enfant un certain degré de désobéissance dans son jeune âge (comme l'illustre l'attitude rigide du père de Clément) revient à transformer une revendication naturelle du jeune enfant en un renoncement à tout désir ou, à l'inverse, en un désir de transgression remis à plus tard, à l'adolescence – qui peut de ce fait se révéler problématique –, et même à l'âge adulte.

Nous pouvons parier sur le désir intense de changement de Clément, atout irremplaçable pour lui permettre de dépasser la souffrance du petit garçon qu'il protégeait toujours en

---

1. Françoise Dolto, *Les Étapes majeures de l'enfance*, Gallimard, 1994.

lui. Petit garçon que trop de méfiance, justifiée par ce qui lui avait été infligé, empêchait d'aller vers les autres. Séance après séance, il nous faudrait patiemment réanimer la part d'enfance qu'il gardait au fond de lui et qui avait coulé au fond du lac.

César, l'enfant rebelle

Dans la famille de César, 8 ans, ce n'est pas le père qui fait la « loi » et tyrannise son entourage, mais lui ! Avant-dernier de quatre enfants, César manifeste en effet un comportement particulièrement colérique, peu en rapport avec la maturité que chacun se plaît à lui reconnaître, tant à l'école, où il est très populaire et bon élève, qu'à la maison où il intervient souvent dans les discussions familiales avec un humour très apprécié. Mais lorsque quelque chose le contrarie, César ne se contrôle plus et passe de la violence impulsive à la bouderie la plus tenace. Rien n'y fait. Dans le meilleur des cas, il se barricade dans sa chambre et refuse toute proposition d'arrêt des hostilités. Pour lui, tout est bien évidemment « la faute des autres », ses parents ou ses frères et sœurs. Il vit ainsi tout conflit sur le mode de la persécution.

Ses parents tirent une certaine satisfaction de leur priorité éducative, qui consiste à mettre très tôt les enfants en situation de « se prendre en charge », qu'il s'agisse d'effectuer seuls les parcours de la maison à l'école dès la maternelle, de prendre le petit déjeuner, de s'habiller, de se laver et de se coucher seuls, à heure fixe. César, tout comme les autres enfants de la famille, se plie sans faillir à ces règles que personne ne songe à contester.

Les parents, très accaparés par leur vie professionnelle, avouent voir assez peu leurs enfants, mais se rassurent par la réelle confiance qu'ils mettent en eux.

Or, lorsque je le vois seul, César exprime un point de vue bien plus nuancé.

Je l'interroge :

– Alors, que penses-tu de la situation ?

– Mes parents travaillent trop, je ne les vois pas beaucoup. Comme ils sont fatigués, même le dimanche matin, ils nous disent de nous débrouiller tout seuls puisque nous savons le faire. C'était amusant au début, mais maintenant j'aimerais bien qu'ils s'occupent plus de moi. Un grand frère c'est bien, mais ça ne remplace pas les parents, surtout que souvent il exagère et nous commande.

Son grand frère a 12 ans, et je m'inquiète de ce que lui-même ressent à propos des responsabilités qui lui incombent.

César reprend :

– Mes parents ne sont presque jamais là pour voir ce qui se passe. La seule chose qui compte, c'est le carnet de notes, et on ne travaille jamais assez bien.

– Alors quand ils sont à la maison, tu t'arranges pour qu'ils te voient et qu'ils s'occupent de toi, n'est-ce pas ?

– Je ne sais pas si c'est comme tu dis mais, quelquefois, je suis très en colère et je ne peux pas me calmer.

– Et tu te sens très malheureux dans ces moments-là sans savoir comment le dire ni comment t'en sortir ?

– Oui, je crois bien que c'est ça.

– Bon, que penses-tu de cette idée ? Si je t'aidais à leur dire les vraies raisons de tes colères, peut-être que les choses pourraient changer ? C'est sans doute pour comprendre ce qui ne va pas qu'ils t'ont proposé de venir voir quelqu'un comme moi dont c'est le métier d'aider à comprendre. Nous pouvons essayer ensemble de trouver les bons mots pour apprendre à dire ce que tu ressens au lieu de le manifester par de la colère.

César acquiesce à ma proposition avec soulagement.

Comme lui, de nombreux enfants sont amenés à nos consultations pour un trouble du comportement, une baisse de leurs résultats scolaires ou pour tout autre symptôme qui devient préoccupant et mobilise soudain la famille ou l'école. Il s'agit alors, pour nous professionnels, de traduire le message de l'enfant afin que le sens en devienne accessible aux adultes, et pour les aider à mettre en place une dynamique de changement.

En l'occurrence, les parents de César, dont les convictions en matière d'éducation étaient sans aucun doute respectables, ne prenaient pas la mesure de l'effort constant que cette obligation de « se prendre en charge » exigeait de leurs enfants. Ce garçon exprimait à sa manière la saturation que tous les frères et sœurs ressentaient à des degrés divers. Mais lui projetait ce ressentiment dans des incidents répétitifs, sur des motifs futiles, alors que la cause était ailleurs.

De fait, il portait à lui seul le fardeau symptomatique d'un malaise général masqué par une hyperadaptation aux exigences des parents. Car les enfants se retrouvaient en quelque sorte livrés à eux-mêmes, et les conflits entre eux s'en trouvaient exacerbés, là où la présence des parents, médiation indispensable, leur manquait.

César vivait cette situation avec plus d'intensité que les autres, certes, mais il en est souvent ainsi dans les familles où l'un des membres témoigne à sa manière d'un vécu commun difficile, pour qu'un changement advienne enfin.

Les parents avaient sans doute inculqué bien trop tôt à leurs enfants de se gérer eux-mêmes en dehors de leur présence sécurisante. Ce faisant, ils leur déléguaient les responsabilités qui leur incombaient, en une sorte d'« autonomie sur commande », équivalant à un conditionnement. Frustré d'une sécurité affective qu'il était en droit d'attendre, César s'autorisait à exprimer son amertume dans ses crises de colère à répétition. Son comportement caractériel pouvait ainsi s'interpréter comme une attitude défensive contre le risque de dépression.

Pour mieux comprendre les méfaits de cette autonomisation précoce sur César, il nous faut nous attarder quelques instants sur le surmoi, une instance de la personnalité qui conditionne toute vie en société, aussi bien dans le cadre familial, qu'amical, professionnel et autre. Il est le dépositaire de la « conscience morale [...], instance qui observe, critique et interdit [...]. À côté d'un déplaisir inévitable, il assure un gain de plaisir, une sorte de satisfaction compensatoire[1] ».

C'est en intériorisant progressivement « les interdits proférés par les adultes[2] » que l'enfant, dès 3 ans, met en place un début de surmoi lui permettant de maîtriser les pulsions jugées inacceptables, simultanément avec la distinction entre ce qui est « bien » et ce qui est « mal ».

Ce surmoi est le garant de l'adaptation nécessaire à la vie en société. Il nécessite de tenir compte de l'existence de l'Autre, des autres, et exige un contrôle permanent des instincts et des désirs. Son absence signe une incapacité plus ou moins pathologique à accepter les contraintes inhérentes à la socialisation.

Or, s'il n'y a pas d'éducation sans règles ni limites intégrées par l'enfant, il n'y a pas non plus d'accès à l'autonomie sans un certain degré d'opposition à ces mêmes règles. Tout enfant doit, en effet, avoir fait provision de confiance en lui et d'une sécurité intérieure suffisante pour oser résister à la pression adulte, voire emprunter des chemins de traverse.

---

1. Alain Vanier, *Éléments d'introduction à la psychanalyse*, Nathan Université, 1996.

2. *Ibid.*

À sa manière, César remettait en cause sa soumission inconditionnelle à des exigences parentales qu'il contestait. L'histoire nous enseigne qu'une obéissance aveugle, sans remise en cause des ordres, a contribué à mener certains peuples à la plus tragique aliénation.

5.

Quand le corps parle

> « Si on examine la nature des maladies, on trouvera qu'elles tirent leur origine des passions et des peines de l'esprit. »
>
> La Rochefoucauld

À côté des enfants qui assument, gardant éventuellement pour plus tard l'expression de l'angoisse que leur a value la nécessité d'une autonomie précoce, d'autres expriment leur malaise par le langage du corps. C'est en effet un moyen d'expression privilégié chez l'enfant, qui n'a pas toujours les mots pour dire qu'il ne va pas bien.

Stanislas veut jouer !

Stanislas, 3 ans et demi, est amené à ma consultation par sa mère soucieuse de l'agressivité qu'il lui manifeste à la sortie de l'école. La maîtresse se plaint, elle aussi, de son comportement belliqueux à l'égard des autres enfants de la classe.

C'est un petit garçon à l'apparence maussade et provocatrice, qui manifeste une opposition déterminée à tout ce qui lui est proposé, même si cela paraît le tenter. Comme s'il s'autopunissait.

Stanislas est dans une école expérimentale où les enfants apprennent à lire dès 3 ans. C'est sa deuxième année, et il refuse de faire à la maison des exercices de lecture demandés par la maîtresse, ce qui laisse ses parents désemparés.

Il semble bien que son comportement se soit détérioré dès la rentrée de septembre. Sa mère relie l'apparition de son agressivité à une intervention chirurgicale qu'il a subie à cette période-là : l'ablation de la chaîne des ganglions maxillaires, ordonnée par les médecins après une biopsie négative mais face à une infection récidivante. L'analyse des ganglions prélevés n'a toutefois rien révélé d'alarmant.

Stanislas accepte ma proposition de faire un dessin libre. Il dessine une maison sans ouvertures, hormis une porte à barreaux, mais avec, en revanche, une cheminée rouge impressionnante dont sort une immense volute de fumée aux nombreuses circonvolutions, chaque boucle fermée étant remplie de couleur noire. Je suis aussitôt traversée par une association : ce chapelet renvoie à la chaîne des ganglions enlevés, dont persiste une longue cicatrice sous-maxillaire.

Je le remercie pour ce dessin dans lequel il a, à sa manière d'enfant, traduit ses difficultés.

À ma question sur ce qu'il aimerait vraiment faire s'il en avait le choix, ce petit garçon à peine plus haut que mon bureau, le regard planté droit dans le mien, me lance avec une ferveur où perce l'ultime espoir d'obtenir mon adhésion : « Jouer, jouer et pas devenir grand. »

Sa maman justifiait son choix éducatif au motif de permettre à Stanislas d'accéder par la lecture à une « autonomie précoce », tremplin inestimable pour l'avenir, selon elle.

Il est un fait que nous vérifions avec nos très jeunes patients, à savoir que leur malaise se manifeste le plus souvent dans le seul langage qui soit à leur portée : un dysfonctionnement corporel. C'est ce langage psychosomatique que Stanislas, malgré son adaptation apparente, avait privilégié pour protester et exprimer sa révolte face au projet d'autonomisation précoce que ses parents avaient fait pour lui.

Encombré par cet apprentissage, il se trouvait comme empêché d'explorer toutes les autres capacités psychiques, en particulier la puissance de l'imaginaire indispensable à l'expression de sa vitalité. Il n'avait plus le temps de mettre *en jeu* ses capacités créatives, alors que jouer reste l'activité vitale de l'enfance.

Toute cette énergie contenue s'était alors retournée contre lui dans un symptôme d'automutilation inconsciente caractéristique de toute maladie psychosomatique. C'est ainsi que pour Stanislas, la maladie intervenait comme une soupape de sécurité qui assignait enfin une limite à la pression parentale.

Aussi nous faut-il veiller à ne pas soumettre l'enfant à des apprentissages trop prématurés qui le calibrent comme un robot, tout en bâillonnant sa curiosité, son sens de l'initiative et, bien sûr, ses temps libres de jeu. Sinon, il risque de ne plus pouvoir être librement ce qu'il est et tombe sous la menace de la maladie comme seul moyen d'expression.

Dans l'idée de faire passer le message aux parents et de leur interpréter l'impasse dans laquelle se trouvait cet enfant, je me devais de les mettre en garde contre l'escalade de symptômes organiques que leur exigence risquait de déclencher chez leur fils, déjà passablement « incompris » dans tous les sens du terme : dans son désir de jouer et d'être « libéré » du poids excessif d'une injonction à la réussite scolaire.

Françoise Dolto écrit : « C'est par l'intermédiaire des parents que peut se faire la réconciliation de l'enfant avec lui-même [...] rien n'est possible avec l'enfant tout seul, ni les parents seuls. C'est un travail de compréhension réciproque entre le spécialiste, les parents et l'enfant[1]. »

Chercher à comprendre ensemble la relation singulière établie par ces parents-là avec cet enfant-là permet à l'enfant de ne pas se sentir « coupable de ce qui n'est pas dû à lui », et l'aide à réhabiliter ses propres désirs pour pouvoir les exprimer enfin, sans en passer par des symptômes corporels qui risquent de le mettre en danger.

On voit, dans ce cas, à quels extrêmes un enfant peut être acculé, lorsque ses parents projettent sur lui leur propre désir sans tenir compte de l'immaturité psychoaffective spécifique à son âge.

En effet, dans un monde où tout est planifié, y compris la naissance de l'enfant lui-même, ne sommes-nous pas tentés de lui faire brûler des étapes dans un souci d'efficacité ? Plus vite il parlera, plus vite il lira, plus vite il deviendra autonome, et mieux il sera préparé à la compétition qui l'attend. Désir de rentabilité et de perfection fondé sur le narcissisme de certains parents qui exigent du tout-petit une prise d'autonomie de plus en plus précoce, lui déniant de combler un droit essentiel : celui de prendre son temps pour construire une sécurité de base fondée sur son besoin d'amour et de réassurance[2].

Ainsi, l'« autonomisation précoce obligée » tout comme le gavage précoce des connaissances ont pour effet regrettable de s'opposer au rythme propre à l'enfant, au risque de freiner ou de pervertir sa curiosité naturelle, dans laquelle s'origine l'autonomie véritable.

Il en résulte qu'il se trouve contraint à développer des tendances qui procèdent d'un souci d'efficacité calqué sur le

1. Françoise Dolto, *L'Image inconsciente du corps*, Le Seuil, 1984.
2. Etty Buzyn, *Papa, maman, laissez-moi le temps de rêver!*, Albin Michel, 1995.

monde des adultes, efficacité qu'il n'a de cesse de mettre en échec.

Comme le dénonce Jean Baudrillard dans un de ses articles au titre évocateur, « Le continent noir de l'enfance » : « Le statut de l'enfant dans notre monde contemporain serait celui d'un enfant commodité, un enfant opérationnel, enfant clone qui a une existence satellite dans l'orbite du même [1]. »

Ainsi se concrétise le règne du dressage précoce, auquel les enfants réagissent différemment. Chez certains, un « faux moi » calqué sur le désir des parents se met très tôt en place. Ils se prennent en charge, certes, mais risquent de payer très cher leur soumission et leur renoncement à la part authentique d'eux-mêmes.

D'autres, comme Stanislas, se rebellent par l'expression de tout un cortège de symptômes psychosomatiques, pour exprimer leur saturation… sinon leur détresse, alors qu'il suffirait de les laisser évoluer à leur rythme.

Pour conserver le lien

Arthur est le dernier d'une fratrie de quatre enfants, né dix ans après le troisième. Il est âgé de 8 ans et demi, et m'est adressé par son médecin pour un comportement obsessionnel. Il est sous l'influence d'un rituel, une trichotillomanie qui consiste à s'arracher un à un cheveux ou poils de sourcils.

Sa mère, encore très jeune pour ses premiers enfants, a le sentiment de ne pas les avoir investis comme elle aurait dû le faire à l'époque, ce qui n'est pas sans la culpabiliser.

1. Jean Baudrillard, *Le Miroir de la production, ou l'illusion critique du matérialisme historique*, Galilée, 1985.

Aussi l'arrivée d'Arthur la comble-t-elle au point qu'elle instaure avec lui une relation très fusionnelle. De surcroît, son mari n'était pas consentant pour avoir un enfant aussi tardivement, réticence qu'elle compense à sa manière, en maintenant le père à distance de son fils.

Ce qui frappe d'emblée, c'est l'ambiguïté qui préside à la relation mère-fils : la mère se montre très envahissante dans ses manifestations affectives, au point d'empiéter physiquement et psychiquement sur son espace à lui.

Arthur y consent à contrecœur jusqu'à ce que, saturé, il rejette avec violence cet envahissement que sa mère lui impose, avec une insistance et un aveuglement difficilement supportables.

À un moment, il lance à sa mère sur un ton excédé où perce un réel désespoir :

– C'est ta faute si je suis *malade*, tu n'as pas confiance en moi, tu ne m'as jamais laissé libre de faire quoi que ce soit, et dans la rue tu me tiens encore par la main, j'ai honte devant mes copains.

Véritable saturation ressentie par Arthur comme le privant de tout espace de liberté, dont ses copains, eux, bénéficient.

Après avoir trop longtemps fonctionné dans la fusion induite par le désir maternel, Arthur dénonce à sa manière que les liens entre lui et sa mère ne sont toujours pas tranchés. Une mère bien peu coopérante, qui veille à conserver un contrôle permanent sur son fils. Paradoxalement, il apparaît qu'Arthur souffre d'une incapacité à quitter la maison et en particulier à se séparer de sa mère.

Aussi ressent-il une douloureuse ambivalence entre le désir de se soustraire à l'empiétement maternel, et la réassurance que cet amour comblant et inconditionnel lui apporte.

Tourmenté en permanence par la crainte de la séparation qui renvoie à la perte de la mère pour le bébé qu'il a été, il entretient le lien en régressant à un stade où, porté par elle, il lui tiraillait les cheveux. Ce qu'il continue à faire sur lui-même. Ainsi « se raccroche-t-il symboliquement à sa mère, dans un symptôme compulsif inconscient qui peut s'interpréter comme l'équivalent d'un déni de la séparation[1] ».

La problématique d'Arthur illustre bien à quel point la relation symbiotique mère-enfant peut être destructrice si la mère n'aménage pas un espace suffisant pour que le monde extérieur et ses richesses représentées symboliquement par le père deviennent accessibles à l'enfant.

Pour revenir à ce dernier, l'importance de la place qui lui est laissée dans le discours de la mère n'est plus à démontrer. A fortiori, comme modèle d'identification pour un garçon passablement débordé par une mère envahissante dont il se sent l'otage.

Cette prise de conscience lors de sa thérapie lui permettra de se dégager de la vampirisation maternelle, au profit d'un rapprochement avec son père. Condition essentielle pour permettre à Arthur de développer sa capacité à s'individuer.

Pour réunir ses parents

Cédric, enfant unique de parents séparés, est un garçon de 10 ans qui obtient d'excellents résultats scolaires et n'éprouve aucune difficulté à se maintenir en tête de sa classe malgré son année d'avance.

Il aime la compétition et il est tout aussi doué en sport, en particulier au ping-pong, qu'il pratique plusieurs heures par semaine, en vue de tournois où il est toujours bien placé.

Accompagné par sa mère, il consulte pour des angoisses nocturnes tenaces, sources d'insomnies fréquentes. En outre,

---

1. Renata Gaddini, « Le déni de la séparation », *L'Arc*, n° 69.

il n'a jamais pu se résoudre à dormir en dehors de chez lui. À plusieurs reprises, sa mère ou son père ont dû aller le chercher en urgence chez un copain, à la tombée de la nuit. De classe de nature ou de colonie de vacances, il n'a bien sûr jamais été question à ce jour.

Paradoxalement, Cédric est un enfant très autonome et d'une grande maturité pour son âge : depuis longtemps déjà, il circule seul et sans appréhension dans le métro et en ville. Il se retrouve souvent seul aux repas qu'il prépare lui-même, parfois aussi pour son père ou sa mère. En apparence peu dépendant de ses parents, il se sent curieusement préoccupé par eux en permanence, à croire que les rôles seraient inversés. Ses parents se sont séparés lorsque Cédric avait 2 ans et, depuis, se déchirent, dans tous les domaines, au point que la communication entre eux est impossible.

Il est toujours ponctuel à ses séances de psychothérapie.

– Ma mère, dit-il, analyse chacun de mes gestes et s'inquiète toujours à mon sujet pour n'importe quoi. Mon père, lui, ne parle pas beaucoup, et je ne sais jamais ce qu'il pense ou s'il s'intéresse vraiment à moi.

D'après Cédric, si la mère ne cessait de dévaloriser le père aux yeux de son fils, la tactique du père était plus brutale : « Ta mère est folle », répétait-il inlassablement.

Un jour, son père me téléphone pour m'annoncer, sur un ton alarmé, que Cédric ne viendra pas à sa séance de psychothérapie car il doit subir des radiographies suite à une douleur aiguë au genou. Malgré des examens complets, aucune lésion n'est décelée, et Cédric arrive en boitant à mon cabinet pour sa séance. Il a dû interrompre son entraînement de ping-pong, et se retrouve totalement dépendant de ses parents pour ses déplacements.

Je suis frappée par le fait qu'ils accompagnent ensemble leur fils à la séance suivante, et que ce dernier paraît apprécier leur présence, au point d'en rajouter sensiblement dans le registre de la douleur : il boite beaucoup plus qu'à l'habitude !

De fait, les parents font subitement bloc autour de leur fils et de son symptôme invalidant. Et Cédric en tire un bénéfice secondaire certain : celui de les voir enfin communiquer, même si ce n'est qu'au sujet de son handicap momentané. Grâce à cette régression psychosomatique, Cédric se pose en médiateur du couple chaotique de ses parents.

Lors d'une de nos séances, il dessine les têtes de ses parents et, entre eux, dans un cercle, la sienne. Sur ma demande, il commente son dessin :

– Mes parents me lanceraient de l'un à l'autre.

– Ah oui ! Comme si tu étais toi-même une balle de ping-pong ?

Cédric, d'abord perplexe, acquiesce en souriant et ajoute :

– Mais moi, cela me manque beaucoup de ne pas pratiquer mon sport préféré, je ne fais pas exprès d'avoir mal au genou. Et en plus, maintenant, je ne peux plus rien faire tout seul comme avant.

– Alors, si tu as mal au genou et que tu ne peux plus pratiquer le ping-pong, c'est peut-être bien pour ne plus jouer leur jeu et les forcer à faire un *break* entre eux ? Seule façon pour toi de redevenir le petit Cédric d'avant que tes parents ne se quittent, tu ne crois pas ? C'est peut-être bien la souffrance que tu ressens depuis leur séparation, et que tes parents ne voulaient pas entendre, qui te fait avoir une vraie douleur au genou, équivalant à celle que tu as dans la tête depuis longtemps. Une douleur qu'ils sont bien forcés cette fois de reconnaître. Maintenant que tu as fait en sorte que tes parents se parlent, tu vas peut-être pouvoir retrouver ce plaisir que te procurait le ping-pong et dont tu es privé. Parfois, lorsqu'on ne peut pas exprimer ce que l'on ressent, ses sentiments cachés, la seule façon de le faire, c'est avec son corps.

89

Nous savons à quel point, pour dire leur mal-être, leur mal à vivre, les enfants n'ont souvent d'autre alternative que d'en passer par la somatisation, qui peut prendre la forme d'une maladie grave comme dans le cas de Stanislas.

Les paroles du psychanalyste permettent à l'enfant de sortir de la douloureuse confusion où il se trouvait depuis si longtemps, et l'aident à passer du registre somatique au registre verbal.

À partir de cette séance, certains progrès apparaissent : Cédric accepte d'aller passer une nuit chez une grand-mère, puis étend son champ d'expérience à d'autres membres de la famille et projette de dormir d'ici peu chez un copain.

Ainsi, ce garçon, qui paraissait « bien sous tous rapports » et conforme aux vœux de nombreux parents ne s'en comportait pas moins comme un petit enfant en détresse. Au point de n'avoir toujours pas pu se séparer de son doudou pour dormir, signe d'une certaine immaturité psychoaffective.

Cédric, parfaitement autonome et adapté aux contraintes de la vie quotidienne qu'il gérait remarquablement, était resté fixé à sa petite enfance pour tout ce qui concernait son affectivité. Sans doute dans le désir inconscient de retrouver son vécu d'avant la rupture du couple parental.

Sa phobie de la séparation d'avec ses parents, replacée dans le contexte familial, représentait en soi un symptôme digne d'attention : il ne pouvait pas les quitter comme pour surveiller ce qui se passait entre eux et les garder réunis symboliquement. Mais malgré son attente, et comme rien ne changeait, Cédric s'était trouvé acculé à exprimer l'impasse parentale dans un autre langage, celui du corps de ses 2 ans, comme le font généralement les enfants très jeunes, avant la maîtrise du langage parlé. D'où la somatisation autour du genou, assez alarmante pour mobiliser l'attention de ses parents, enfin d'accord sur la priorité que leur fils représentait pour eux. Garant du couple parental, Cédric avait enfin réalisé son désir inconscient : rapprocher ses parents.

Il est exceptionnel qu'un enfant ne revendique pas, même après de nombreuses années de séparation, de voir ses parents « réunis ». Est-ce pour se convaincre que ce temps a bien existé que Cédric ne résiste pas au besoin de me montrer des photos de ses parents « du temps où ils étaient amoureux », photos qu'il garde précieusement sur lui ?

Néanmoins, lorsqu'un couple a pris la décision de se séparer, il importe que chacun des parents respecte cette part de l'autre qui fonde l'identité même de l'enfant. Car celui-ci se trouve être constitué biologiquement et symboliquement de son père et de sa mère à parts égales. Si l'un des parents dévalorise son ancien conjoint aux yeux de l'enfant, c'est l'enfant qui se trouve amputé de la moitié de lui-même. Alors, imaginons ce qu'il subit lorsque son père et sa mère, au lieu de censurer leur ressentiment, se laissent aller à tous les excès critiques. L'équilibre que l'enfant doit se construire en référence à ses parents se trouve dès lors bien mis à mal, sinon rendu impossible : car comment éviter le conflit de loyauté vis-à-vis de chacun d'eux ?

C'est en partie ce que vivait Cédric, pris en étau entre les dévaluations mutuelles de ses parents qui, loin de le ménager, tentaient de l'influencer chacun à sa manière, le précipitant dans une insécurité affective source d'une angoisse incoercible.

Or c'est dans ce rapprochement provoqué entre son père et sa mère, enfin solidaires à son propos, que Cédric trouve un certain degré de réconfort : le moyen de vérifier qu'ils ont été unis un jour pour devenir ses parents et qu'ils le resteront quoi qu'il arrive.

6.

Où sont les parents ?

« Avant de devenir adulte, chacun de nous
sans exception a été un enfant. Pourquoi
l'avoir oublié ? »

Elzbieta

Que l'enfant soit autonome peut, parfois, garantir la tranquillité de ses parents. Ceux-ci peuvent alors vaquer à leurs
occupations puisque leur enfant ne les « dérange » pas par
ses besoins et ne leur demande rien. À moins qu'il n'ait pris,
justement, le parti de se faire le plus discret possible ?

Personne à qui parler

Sébastien, 13 ans, a accepté d'accompagner sa mère à ce
premier rendez-vous où celle-ci expose la relation conflic-
tuelle que son fils entretient avec tous les membres de
sa famille : sa mère, son père et son frère, plus jeune de
deux ans.

Elle se dit « incapable de repérer le détail qui va déclencher une scène ». En désespoir de cause, elle attribue l'irrita-
bilité de Sébastien à une grande rigidité : « Il ne supporte pas

le moindre changement ! » se plaint-elle, en ajoutant qu'il est impossible de discuter avec lui.

À en juger par la tension extrême qui règne entre Sébastien et sa mère – qu'il s'efforce d'ignorer –, les dialogues doivent être en effet bien difficiles !

– Le conflit n'épargne aucun de nous, poursuit-elle. Sébastien s'estime systématiquement incompris. La plupart du temps, il s'isole dans sa chambre, un panneau « INTERDIT » affiché sur la porte pour décourager toute tentative d'incursion de notre part.

Sébastien renchérit sur un ton agressif :

– Comme de toute façon personne ne me comprend, c'est la seule solution que j'ai trouvée pour protéger ma chambre et ne pas être embêté.

Pressentant que la séance va tourner court s'il se sent trop exposé, je propose à Sébastien de le voir seul pendant que sa mère patientera dans la salle d'attente, ce qu'il accepte avec empressement.

Lorsque nous nous retrouvons seuls, il abandonne d'emblée son air excédé, et évoque spontanément ce qui semble bien représenter pour lui le cœur du problème :

– Ma mère n'est jamais disponible. Elle ne s'intéresse pas à ce que je fais, tout en attendant que moi, je m'intéresse à ce qu'elle fait et aime. Il n'y a qu'elle qui compte. Je suis autonome depuis le CE1. J'en ai marre. Si je n'étais pas doué de naissance [sic], j'aurais redoublé depuis longtemps déjà !

Sébastien a retrouvé toute sa verve et s'exprime avec une aisance teintée d'humour.

– Et avec votre père, ça se passe comment ?

– Avec mon père je suis habitué, ça a toujours été comme ça : ou bien il travaille et n'est pas là, ou il est là, mais devant son ordinateur. Bien sûr, lui et moi, nous aimons tous les deux l'informatique, mais ce n'est pas suffisant. J'aimerais bien le connaître mieux. Et puis il fume trop, et je m'inquiète

94

pour lui. Mais il n'a pas assez de volonté pour s'arrêter. Et puis, lui non plus ne s'intéresse pas beaucoup aux autres. D'ailleurs, maman dit que papa est « en acier inoxydable » et que rien ne l'atteint !

– J'ai l'impression que vous n'avez jamais trouvé le moyen de discuter de cela avec vos parents. Peut-être aimeriez-vous profiter de notre rencontre pour informer votre mère de votre besoin de vraie communication ?

– Je suis d'accord pour la mettre au courant, mais que cela se fasse sans moi. Que ce soit vous qui lui disiez, et que vous lui demandiez comment elle souhaite que je change.

La bonne volonté inattendue de Sébastien m'apparaît de bon augure.

Pendant que je vais poursuivre l'entretien avec sa mère, je demande à Sébastien s'il consent à faire un dessin libre, ce qu'il accepte volontiers.

Ayant endossé ce rôle de médiation, j'expose à la maman la difficulté que son fils ressent comme un manque de communication évident entre lui et ses parents, ou du moins comme une forme de communication à sens unique, où ses désirs et ses intérêts tiennent bien peu de place.

Et à ma grande surprise, sa mère d'abord interloquée adhère au point de vue de son fils :

– C'est vrai, j'impose trop souvent mes goûts et mes intérêts sans jamais les questionner sur les leurs. J'agis de façon très égocentrique, mais aussi dans un souci éducatif pour les ouvrir à d'autres choses : la politique, la culture. Mais il a raison, je ne m'informe jamais sur leur vie scolaire ou amicale, leurs petits tracas quotidiens. Et comme leur père est mutique, et renfermé sur ses préoccupations personnelles, Sébastien, et peut-être même son frère, doit se sentir assez abandonné. D'ailleurs, même la télévision, il la regarde seul ou avec son frère en haut de la maison. J'ai même pensé à en acheter une supplémentaire pour éviter les conflits, car ils ont la télévision chaque semaine à tour de rôle dans leur chambre. Moi, j'aime avoir la paix et regarder ce qui m'intéresse sans être dérangée. C'est mon seul moment de tranquillité.

Je me risque à lui faire remarquer qu'en s'isolant dans sa chambre, Sébastien ne fait peut-être que reproduire le comportement de ses parents.

Et pendant que cette jeune femme expose avec la plus grande honnêteté du monde ses motivations, tout en acceptant l'analyse pertinente de la situation faite par son fils, j'imagine chacun des membres de la famille isolé dans son coin. Et je peux aussi m'identifier spontanément à ce que ressent Sébastien : un sentiment légitime de mise à l'écart propice à générer une agressivité prête à exploser à la première occasion.

Après cet échange fructueux avec la mère qui a pris conscience des attentes déçues de son fils, Sébastien me rejoint dans le bureau que celle-ci vient de quitter.

Il me tend son dessin : un labyrinthe au crayon noir avec une entrée et une sortie. À ma question de savoir où il se situerait dans ce dessin, il répond :

– Je serais au milieu du labyrinthe.

Et il ajoute un gros point noir au centre, avec au-dessus un point d'interrogation. Je demande :

– Que pourriez-vous bien dire ?

– Je ne dirais rien, je n'aurais personne à qui parler !

Comme beaucoup d'adolescents, face à ce qu'il ressent comme un manque crucial de communication dans sa famille, Sébastien renonce à revendiquer sa place. De sorte que « Mes parents ne m'écoutent pas » se transforme alors en « Je n'ai rien à leur dire ».

Tout comme un jeune enfant qui n'aurait pas encore un libre accès au langage, c'est par le truchement de ses crises que Sébastien exprimait sa rancœur pour ce qu'il ressentait comme de l'indifférence de la part de ses parents.

N'ayant pas eu son compte en termes de «soutien rassurant», il défendait son espace psychique en même temps que son espace physique en s'isolant. En cela, il calquait son attitude égocentrique sur celle de ses parents. Les enfants prennent modèle sur ce qu'ils perçoivent de la qualité de leur environnement mais aussi de ses faiblesses, ce que je nomme l'«effet boomerang».

Certes, il se comportait de façon autonome depuis la fin du CP, mais le fait de se prendre ainsi en charge précocement revenait pour lui à ceci : « Puisque je n'ai pas pu compter sur mes parents, je me débrouille seul, mais on ne pourra pas compter sur moi non plus. »

D'où sa tendance au retrait et à tout garder pour lui. Désormais, et à sa manière, Sébastien se protégeait de la déception infligée par l'attitude de ses parents qui, selon lui, ne le reconnaissaient pas comme un sujet à part entière. Car si son père ne lui imposait rien, ni ne l'influençait en quoi que ce soit, sa mère, elle, se contentait de parler d'elle sans tenir compte de ce qui le préoccupait vraiment.

De surcroît, le père ne semblait guère valorisé dans la parole de la mère, essentielle pour garantir le rôle du père aux yeux de ses enfants.

De fait, Sébastien ne reprenait sa place d'enfant qu'en régressant à l'état de petit garçon au travers de crises de colère qui justifiaient ensuite son isolement. Il maintenait ainsi ses parents à distance, tout comme eux-mêmes le faisaient depuis toujours avec lui.

Or, lors de notre premier entretien, c'est bien parce que ses 13 ans lui permettaient d'accéder à une certaine lucidité qu'il avait trouvé les mots pour exprimer son mal-être. Il était temps d'interpréter son vécu éprouvant masqué par de l'agressivité, en lui redonnant tout son sens, à savoir la simple demande d'être reconnu et entendu.

Certains parents, guère conscients de ce qu'ils imposent à leurs enfants par cette « autonomie obligée », peuvent encore rattraper les choses, même à 13 ans. Mais il se peut que cela soit trop tard, que le mal soit irréversible, et qu'il y ait un risque de marginalisation. Si l'enfant s'est jusque-là comporté conformément au désir de ses parents, rien ne prouve que ce même comportement se poursuive dans les années à venir. Années d'adolescence où, dans le meilleur des cas, les enfants ne manquent pas de régler leurs comptes avec les adultes tutélaires, voire à les provoquer en prenant des risques démesurés.

Sébastien, et c'est bien normal, ne demandait rien d'autre que de rencontrer son père et sa mère sur un terrain commun. C'est bien là le devoir qui incombe aux parents : préserver un espace d'écoute et d'échange suffisant pour encourager l'enfant à s'exprimer librement et à forger ses propres repères. Une telle attitude évite bien des passages à l'acte dangereux, voire dramatiques.

Un tel constat nous engage à ne pas négliger l'importance pour l'enfant et l'adolescent de cet accompagnement affectif parental qui réside dans l'écoute attentive et le souci de communiquer vraiment.

Quelque temps après cette consultation, je reçois un appel téléphonique de la mère de Sébastien, qui tient à me remercier. Elle a, dit-elle, pris conscience de la demande légitime de son fils et a fait passer le message au père. Grâce à leurs efforts conjugués, la complicité qu'elle partage désormais avec Sébastien la comble. Au point de gratifier son fils, auquel elle ne manque jamais de dire qu'il est un « super ado » ! Tout est bien qui finit bien…

Mais que fait ma mère ?

Accompagné de sa mère, Louis, 10 ans, vient consulter pour une baisse de ses résultats scolaires, malgré des capacités intellectuelles qui ne se sont pas démenties jusqu'à ce jour. Ce qui explique que ses parents aient été alertés par ce désinvestissement inaccoutumé de sa part.

Louis a une sœur de deux ans son aînée, très brillante, et de ce fait très valorisée par ses parents.

Lorsque je l'interroge sur ce qu'il ressent de sa difficulté actuelle, Louis réfléchit un moment, puis s'explique :

– Je me sens différent des autres de ma famille. Tout le monde est intellectuel, mais pas moi. Moi, je suis un sportif. Je ne suis pas comme vous trois, lance-t-il à sa mère.

Dès que nous sommes seuls dans mon bureau, je l'engage à m'en dire davantage, et il poursuit :

– Je ne veux pas être un intellectuel comme mes parents, ils travaillent trop, surtout pour « payer les factures » d'après ce qu'ils disent… Ils n'ont pas le temps de vivre. Ma mère est trop stressée, cela m'inquiète beaucoup, et j'ai l'impression de ne pas pouvoir l'aider. Elle voyage souvent très loin, et n'est jamais disponible. En fait, je voudrais une mère plus « zen ». Malgré les efforts de mon père qui sait s'organiser, nous sommes souvent seuls à la maison, et je n'aime pas ça.

Sur ma proposition, Louis accepte de faire un dessin et produit la statue de la Liberté, avec à ses pieds deux petits bonshommes, dont l'un en déséquilibre semble se tordre le cou pour percevoir le haut de la statue.

À ma question sur ce qu'il peut en dire, Louis répond :

– Le petit en bas ça pourrait être moi, à côté ma sœur. En fait, le petit bonhomme essaie de toutes ses forces d'apercevoir la tête de la statue.

Il ne me paraît pas utile d'expliciter ce dessin au contenu

99

symbolique évident ; il est clair que Louis voulait signifier de la sorte à quel point sa mère, idéalisée et placée de ce fait sur un piédestal, lui était inaccessible...

En outre, la notion de liberté symbolisée par la statue apparaissait chargée de toute l'ambivalence de Louis : qui était réellement libre dans cette affaire ? Sa mère, peut-être, par les priorités de carrière qu'elle s'était choisies. Priorités contestables pour Louis, aux yeux duquel cette liberté se révélait être un piège pour toute la famille.

Par rejet de l'école, Louis remettait en cause le modèle familial, un modèle dans lequel il ne se reconnaissait pas. Certes, il ne prétendait pas être privé d'affection, mais plus simplement de la présence maternelle, malgré tous les efforts de son père pour combler ce manque essentiel.

Mais il en est souvent de même lorsqu'il s'agit d'un père absent, les enfants revendiquant à parts égales l'investissement de leurs deux parents, qui pour eux ne sont pas interchangeables, même si la tendance est de partager les charges familiales. Les rôles ne sont pas identiques, les archétypes résistent à l'épreuve du temps et le conformisme des enfants ne s'y trompe pas.

Ainsi cette fillette de 10 ans qui, à l'évocation de l'activité professionnelle intense de chacun de ses deux parents, ajoutait avec un soupçon de regret : « Le rôle des pères c'est de partir travailler, et le rôle des mères c'est d'être plus à la maison. » Confirmation s'il en est que, dans l'esprit des enfants, c'est à la mère que revient le redoutable privilège d'être porteuse de la permanence affective.

Il nous faut convenir que malgré la nouvelle distribution des rôles, les enfants restent les gardiens vigilants des schémas classiques, même révolus.

Et cette conviction résiste à l'emprise du temps pour s'exprimer encore chez des adultes qui, malgré une adaptation réussie à la réalité, ne se sont toujours pas totalement affranchis d'un vécu infantile qu'ils jugent avec intransigeance.

— Je ne reproduirai pas avec mon fils ce que m'a fait ma mère, annonce avec détermination cette jeune femme de 35 ans, mère d'un enfant de 3 ans.

Elle poursuit :

— Ma mère n'a jamais été là quand je rentrais de l'école. Je rêvais simplement de prendre mon goûter avec elle. Cela ne s'est jamais produit, et trente ans après, je le ressens encore. Je me souviens même d'une époque où, à l'adolescence, je traînais volontairement dans les rues pour rentrer après elle, et ne pas me retrouver seule à l'attendre à la maison. Souvent en vain, car elle arrivait encore plus tard que moi ! C'était désespérant, et je n'ai jamais pu m'y faire.

Cette jeune femme en était venue à la conclusion que seul un changement de son rythme de vie pouvait lui permettre de concilier travail et présence auprès de son enfant. Son projet était désormais arrêté : elle partait avec son compagnon et leur fils s'installer en province, là où le temps de transport ne constituerait plus un handicap insurmontable pour être à l'heure à la sortie de l'école. Cette priorité exigeait du couple certains aménagements de leurs ambitions professionnelles. Peu de chose, selon eux, en regard du bénéfice qu'ils allaient en tirer sur le plan de leur qualité de vie.

Et la jeune femme de conclure avec éloquence et conviction :

— Je ne me résignerai jamais à imposer à mon fils les mêmes frustrations que j'ai subies. En tant que parent, je me sens libre de faire un autre choix de vie pour réparer à travers mon fils ce que je n'ai pas reçu enfant.

L'enfant qui attend

Florence est une jeune femme de 30 ans qui consulte pour un symptôme dépressif sévère. Son mal-être a des répercussions sur son travail qu'elle ne peut plus assumer, tout comme sur ses relations amoureuses. Aussi, après des aventures sentimentales chaotiques, ponctuées de plusieurs tentatives de suicide, elle n'envisage pas son mariage prochain avec sérénité, mais panique à l'idée de devoir affronter son rôle de femme et de mère.

Et pour cause. L'évocation de son enfance apporte en effet des éléments qui donnent sens à son désarroi, compte tenu de ce à quoi elle a été précocement confrontée : l'absence de sa mère.

Personnalité très instable, celle-ci laissait Florence du jour au lendemain à la garde de son père pour s'absenter pendant des périodes variables, et vivre ses nombreuses aventures sentimentales. Elle revenait de la même manière, sans prévenir ni donner un mot d'explication.

Florence assumait à elle seule la charge de la maison, pendant que son père s'occupait de son commerce, et vivait sa vie de son côté, en attendant patiemment le retour de l'épouse volage. De sorte que la fillette se retrouvait souvent livrée à elle-même, et isolée, dans cette petite ville de province où les incartades de sa mère la discréditaient aux yeux des autres enfants et de leur famille.

Aussi loin qu'elle se souvienne, Florence subissait les absences maternelles sur un mode abandonnique, sans avoir la moindre idée de ce qu'elle-même représentait pour sa mère.

Dès qu'elle avait su écrire, elle avait mis en place un stratagème qui consistait à rédiger des petits mots destinés à sa maman. Messages d'amour discrets qu'elle dissimulait dans différents endroits de la maison, dans l'espoir qu'ils soient découverts. Elle contrôlait régulièrement si ses caches avaient été visitées et ses mots trouvés, façon de vérifier si sa mère n'était pas rentrée et repartie à son insu.

Ses espoirs toujours déçus provoquaient en elle une angoisse pathétique liée à une perte d'amour. Pendant ces attentes interminables, durant son enfance et son adolescence, elle tentait désespérément d'exister par le truchement de ces missives, symboles de la fragilité du lien mère-fille. Mère quelque peu défaillante sur le plan de l'investissement maternel...

« Mais, me confiait Florence, encore éperdue de désespoir et submergée par les larmes vingt ans après, les mots restaient à leur place, et je n'avais aucune preuve sur le fait que ma mère en ait pris connaissance ou non. »

Car les marques d'affection tant espérées ne venaient jamais. Et lorsque la mère était de retour, sa fille, par une sorte d'inversion des rôles, s'appliquait à être aux petits soins avec elle, n'aspirant qu'à la retenir, nostalgique qu'elle était d'une dépendance dont elle avait été frustrée trop précocement.

Une des pires épreuves auxquelles un enfant puisse se trouver confronté, c'est de se sentir ignoré et de se vivre comme rejeté en s'attribuant la responsabilité d'une faute inconnue de lui. Il en ressent une telle culpabilité que c'est toute la question de l'estime de soi et du narcissisme, dont l'enfant a le plus grand besoin pour se construire un moi fort, qui reste en suspens... comme en attente d'une reconnaissance qui viendrait enfin combler un vide insupportable.

Fort heureusement, Florence gardait le souvenir ému d'une jeune institutrice qui avait été pour elle un substitut précieux pendant ses premières années de scolarité, scolarité qu'elle avait pu investir grâce à cet apport affectif inestimable pour elle. Comme beaucoup d'enfants, elle avait compensé à l'extérieur le manque affectif qu'elle ressentait cruellement au sein de sa famille. La liberté dont elle disposait sans contrôle ni limites, Florence n'en avait que faire. Il est probable qu'elle avait toujours lutté comme elle le pouvait pour survivre à une dépression proche de l'effondrement psychique. Une dépression pour laquelle elle venait demander de l'aide, et que seul pouvait guérir l'apport d'un étayage maternel dont elle avait été frustrée à un âge précoce.

C'est seulement à cette condition d'un travail sur elle-même que Florence avait une chance de se libérer de son passé douloureux et de se réparer, ou du moins de réhabiliter la petite fille en elle, pour pouvoir sans angoisse assumer son avenir de femme et de mère. À ce jour, mariée, elle a trois enfants dont elle assure l'éducation avec sérénité.

L'enfant risque-tout

Un enfant exposé à un excès d'autonomie, sans frustration ni limites, peut être tenté de s'engager dans une escalade de transgressions dangereuses pour lui, en s'aventurant sans cesse plus loin. Et cela jusqu'à la mise en péril de sa propre vie.

Laura, 11 ans, m'est adressée après un incident qui a alerté son entourage. Alors qu'elle était, comme à l'accoutumée, seule chez elle après l'école, des voisins l'ont aperçue marchant sur le rebord extérieur de l'immeuble surplombant la rue du quatrième étage où se trouve l'appartement familial. Atterrés, les témoins ont aussitôt prévenu le gardien du bâtiment qui est intervenu de justesse.

Je reçois donc cette fillette qui s'exprime avec facilité, et dans un langage étonnamment lucide pour son âge. Enfant unique, elle se vit comme « abandonnée » par ses parents qui, dit-elle, en fonction de leurs obligations professionnelles, « me déposaient, petite, comme un paquet » chez la nourrice du moment.

De sa petite enfance, Laura conserve avec acuité le sentiment de n'avoir fait qu'entraver la liberté de ses parents et de n'avoir jamais représenté une quelconque priorité pour eux.

C'est une fillette déjà prépubère, au corps plus qu'enrobé, et qui donne l'impression de faire plus que son âge à tous égards.

Elle décrit sur un ton fataliste la monotonie de ses journées, en particulier ses retours de l'école, où elle se retrouve seule pendant de longues heures, souvent jusqu'au soir. Lorsqu'elle est livrée à elle-même, Laura comble le vide en se préparant « des kilos de pâtes » qu'elle avale compulsivement devant la télévision, sa seule compagnie.

– Je ne peux pas m'en empêcher, c'est la seule chose qui calme mon angoisse et la peur que mes parents m'oublient. Parfois, ils me téléphonent pour me prévenir qu'ils ne peuvent pas rentrer pour le dîner, et je me couche sans les avoir vus.

La solitude de Laura, apparemment si peu investie par ses parents, semble être en grande partie responsable d'un état dépressif qui la conduit à mettre sa vie en danger, comme lors de cette prise de risque insensée.

Ce qui me frappe, c'est le regard désabusé qu'elle porte sur elle-même et sur les autres, en particulier sur les enfants de son âge dont, pour certains d'entre eux, elle envie l'insouciance. Une insouciance qu'elle a dû abandonner très tôt pour se prendre en charge, puisqu'elle n'a pas eu d'autre choix.

Elle ressent, dit-elle, quelques difficultés à se lier avec des enfants qu'elle estime favorisés sur le plan de la présence parentale, en même temps qu'elle les juge trop « bébés » pour elle.

105

L'entretien avec ses parents en instance de séparation n'apportera aucun démenti au discours de Laura, hormis une totale méconnaissance de ce qu'ils exigent de leur fille sur le plan de son adaptation à leur rythme de vie. Méconnaissance ou désintérêt ? Peu importe, dans la mesure où ils semblent parfaitement inconscients des risques qu'ils lui font courir et du lien évident entre leur mode de vie égocentrique et le peu de cas qu'elle fait d'elle-même, jusqu'à se mettre en danger de mort.

Laura avoue résister difficilement à la moindre sollicitation d'une personne adulte, homme ou femme, qui lui montre des signes d'intérêt, et le fait d'exister pour quelqu'un la bouleverse au point, dit-elle, d'être « prête à suivre le premier venu ».

La maman de Laura s'était trouvée enceinte d'elle à une époque où sa carrière administrative prenait un tournant décisif. Pour ne pas risquer de compromettre son ascension à des responsabilités qu'elle espérait depuis longtemps, elle dit n'avoir rien changé à sa vie pour cette grossesse qui ne représentait pas sa priorité du moment, mais qu'elle tenait néanmoins à mener à terme du fait de son âge.

Pour ce qui est de son mari, le désir d'enfant ne s'était pas imposé de façon impérative, trop peu disponible qu'il était pour une vie de famille. Ils avaient déménagé à plusieurs reprises depuis la naissance de Laura, en fonction de différentes affectations, pour limiter leurs déplacements professionnels quotidiens, imposant de ce fait à leur fille des ruptures répétées avec ses nourrices, auxquelles elle n'avait guère le loisir de s'attacher. Cette enfant n'avait selon eux jamais « manqué de rien »... Sur le plan matériel, sans aucun doute, mais qu'en était-il de ses besoins sur le plan affectif ?

Un registre affectif nié, ou considéré par ces parents comme accessoire et signe de faiblesse, leur priorité consistant à survaloriser l'intellect au détriment du « ressenti » qui régit les rapports des uns aux autres dans la société. Piégée par ce principe éducatif qui lui était imposé de ne rien laisser paraître de son désarroi à ses parents, Laura n'avait plus que le passage à l'acte pour les alerter et les forcer à prendre conscience de sa souffrance.

Lucide et désabusée, Laura ne conservait guère d'illusions quant à l'empathie des membres de sa famille et à leur capacité de changement à son égard. À ma proposition de trouver une solution en commun avec ses parents, Laura rétorque :

– Ça ne sert à rien de leur parler, ils n'ont pas le temps ni l'un ni l'autre de s'occuper de moi. Comme toujours, ils vont me proposer de prendre une baby-sitter. J'en ai eu trop et je n'ai plus l'âge. Je sais tout faire toute seule et souvent mieux qu'elles !

Paradoxalement, la séparation du couple parental lui apparaissait comme la dernière chance pour elle d'occuper une place privilégiée auprès de chacun d'eux, ce qui n'était pas dénué de bon sens, et semblait lui redonner un ultime espoir. Mais le mal était profond depuis longtemps et me rendait bien pessimiste quant aux risques liés à l'adolescence, et à ses expériences sentimentales déjà en ébauche.

Ce constat invite à s'interroger sur la place et la valeur de la transgression dans le développement psychoaffectif de l'enfant et de l'adolescent.

En transgressant les règles de sécurité les plus élémentaires, Laura défiait ses parents, et remettait en question l'adaptation dont elle avait fait preuve jusque-là, avec l'espoir probable d'un bénéfice secondaire : celui de compter enfin pour eux, et de se voir imposer des limites, preuve incontestable de leur intérêt pour elle.

Or il n'y avait plus lieu pour Laura d'accepter une soumission qui n'avait aucune contrepartie affective, puisque, avec le temps, elle avait acquis la conviction de ne pas intéresser ses parents. À sa manière, elle interpellait la protection dont ils étaient censés l'entourer. Son acte pouvait, dès lors, difficilement être interprété comme une simple transgression des limites : il s'agissait plutôt d'un ultime appel à l'aide. Tentative désespérée d'attirer l'attention sur elle par une prise de risque inconsidérée. L'enjeu était d'importance là où l'impression de manque affectif avait fini par prendre le pas sur son instinct de conservation.

Cette absence évidente des parents dans une vie sans exigences, ni limites, ni sanctions potentielles, Laura la ressentait comme un flou existentiel, une sorte de « tout est permis ».

Comme tout enfant, elle cherchait à ce qu'une autorité s'oppose à son sentiment de toute-puissance, faute de quoi elle ressentait une insécurité apte à lui faire perdre tout repère.

Il est à noter qu'une forme courante de consensus des parents à laisser « tout faire », là où cela les arrange, peut devenir très préjudiciable aux enfants, tant ces derniers éprouvent le besoin inverse et vital de cadre et d'autorité pour se sentir soutenus et ne pas tomber dans le piège du débordement des pulsions (qui chez Laura prenait la forme d'une pulsion suicidaire).

De surcroît, n'ayant pas bénéficié de la part de sa famille d'une écoute ni d'une communication véritable qui la rendent capable d'élargir progressivement son champ social, Laura ne savait pas faire avec les autres. Sa façon à elle d'appréhender le monde s'était transformée en un passage à l'acte désespéré, ultime tentative d'exister aux yeux de ses parents et des autres.

Aller jusqu'à mettre sa vie en jeu était devenu pour elle l'équivalent de « je transgresse donc j'existe », tendance qui reste le propre de tout adolescent, dans une mesure acceptable. En effet, l'insoumission représente une nécessité pour faire la preuve de son autonomie, s'autoriser à porter un regard critique sur le monde, et sortir de l'impuissance à laquelle l'enfant et l'adolescent sont souvent réduits.

Cela s'exprime par un éventail de moyens très large, qui va de l'opposition purement formelle et inoffensive jusqu'aux transgressions extrêmes les plus dangereuses.

Paradoxalement, Laura se révoltait non pas contre l'excès d'autorité de ses parents, comme c'est souvent le cas dans la tendance à la transgression, mais bien plutôt contre leur indifférence.

On voit là combien les deux extrêmes aboutissent au même résultat pour l'enfant : pour s'épanouir, il doit, en effet, s'affranchir aussi bien de l'autorité abusive que du laxisme le plus déroutant. Dans les deux cas, il ne se sent pas respecté en tant que sujet et, à ses yeux, sa vie n'a pas grande valeur. Pour qu'un enfant puisse passer par des expériences constructives d'autonomisation et se libérer de la tutelle des parents, il doit pouvoir bénéficier de *certitudes* sur la place qu'il occupe dans sa famille. Et de la certitude d'être aimé.

7.

L'autonomie à l'épreuve des modes

> « Secouer la tête pour dire non, pour ne pas
> laisser entrer les idées des gens. »
>
> Jacques Prévert

« Un bébé seul ça n'existe pas[1]. » Par cette formule, Winnicott voulait signifier que le bébé ne peut pas s'envisager sans sa mère. Et qu'ils forment à eux deux une entité qui a son autonomie propre. Pour exister et se sentir comblé, le bébé a tout au plus besoin de bras pour le porter et d'un sein (ou biberon) pour le nourrir.

Voilà une nécessité première universelle et immuable ! Elle est pourtant sous l'influence des sociétés et des modes qui régissent celles-ci. À regarder le mode de vie contemporain des enfants et des parents, on est frappé de voir comment, aujourd'hui, tout est mis en place pour accélérer l'autonomisation de l'enfant – et dans les moindres détails, qu'il s'agisse de matériel de puériculture, d'objets de consommation courante, de nouvelles technologies, et même de la façon d'enseigner aux enfants. Tout est fait, dans un monde où priment rapidité et performance, pour accélérer le développement de l'enfant.

---

1. Donald W. Winnicott, *L'Enfant et le monde extérieur*, Payot, 1947.

Tourner le dos

Afin de répondre au besoin de portage du tout-petit, on a inventé le porte-bébé kangourou qui permet de le porter sur le ventre sans avoir les bras encombrés. Il se retrouve alors le nez contre le torse de l'adulte qui le porte, dans sa proximité physique certes, mais aussi dans l'impossibilité de regarder le monde. Comme le souligne Catherine Dolto, le porte-bébé ne dispense pas de soutenir d'une main le bassin et de l'autre la tête du bébé. Sinon, il est accroché, suspendu, mais pas tenu ni soutenu. Et ce n'est pas un instrument de portage, juste un auxiliaire utile à certains moments de la journée, et dont il pourra profiter au mieux dans ses moments d'éveil adossé au corps de l'adulte, la tête tournée vers le monde.

D'autres articles de puériculture incontournables, comme le transat, la coque qui passe de la poussette au siège de la voiture, ont été conçus pour sa sécurité et son confort, mais aussi pour libérer les bras des parents et des personnes qui ont sa charge, surtout en collectivité. On peut ainsi « emmener bébé partout ». Certes, mais lorsqu'on le déplace, comme la tortue, il emporte avec lui sa coquille, sorte de contenant prothétique, dans lequel il mange, dort, observe, joue, se promène, si pratique que de nombreux parents l'y laissent quasiment en permanence, au lieu d'en garder l'usage pour les moments où cela devient indispensable. C'est oublier plusieurs points essentiels qui stimulent le bébé dans la découverte de son autonomie en toute sécurité. D'abord, le fait que les changements de posture contribuent à rythmer sa journée. Ensuite, que ce siège a priori confortable et adapté à son corps ne comble pas son besoin d'exploration et de mouvement, puisque seuls ses bras et sa tête sont mobiles. Or un bébé a besoin d'être allongé par terre pour expérimenter toutes ses possibilités physiques afin d'arriver peu à peu à se retourner, puis à s'asseoir et à crapahuter. Auprès de l'adulte, mais libre d'évoluer sous son regard bienveillant, il acquiert une autonomie et une confiance en lui qu'aucun siège, si sophistiqué soit-il, ne lui permettra de trouver.

Ce que demande implicitement l'enfant, c'est : « Regarde-moi faire tout seul. » Quand on voit un tout-petit sur sa couverture, concentré sur les objets posés autour de lui et à la découverte des mouvements de son corps pour les saisir, on comprend mieux de quoi il est privé lorsqu'il est prisonnier de son transat. Cet accessoire ne comble ni son besoin de contact corps à corps, ni son besoin de mobilité, et le rend en fait soumis au confort de l'adulte. Ce dernier se croit dégagé des contraintes par le côté « pratique » de l'objet, qui contribue paradoxalement à rendre l'enfant dépendant de lui. Alors qu'un enfant auquel on a donné la liberté d'explorer tout petit son environnement, pas seulement avec ses yeux mais avec toute la psychomotricité dont il est capable[1], développera sa sécurité de base et une faculté d'initiative incomparable.

Le bébé a besoin que ces moments de découverte alternent avec le contact physique dans la chaleur maternante et dynamisante que seul un corps humain peut lui fournir. Sous couvert de ne pas lui donner de « mauvaises habitudes », il n'est jamais trop tôt pour le conditionner aux renoncements à venir. La disponibilité des adultes qui l'entourent étant limitée, il s'agit surtout de ne pas le « bercer d'illusions ». On insiste à juste titre sur le rôle de la parole porteuse de réconfort et qui permet de combler en partie la distance, mais on oublie trop aisément l'importance de la communication physique apaisante que le bébé apprécie,

---

1. Je recommande vivement aux jeunes parents deux livres inspirés des travaux de la pouponnière de Loczy, celui du Dr Michael Rohr, *Aidez-moi à trouver mes marques*, Albin Michel, 2000, et celui de Chantal de Truchis, *L'Éveil de votre enfant*, Albin Michel, 2002,

tant elle le sécurise. Il n'y a plus désormais que les sociétés traditionnelles et non industrialisées pour préserver encore les besoins primordiaux du bébé, dans le corps à corps du portage.

Il en va de même pour les poussettes où, dès qu'il sait s'asseoir, le tout-petit est curieusement installé le dos tourné à l'adulte qui le pousse. Une fois de plus, le voilà privé d'une connivence affective irremplaçable, un univers visuel fait d'échanges de regards et d'intimité. Pourtant, là où le temps pour être ensemble se trouve être de plus en plus limité de nos jours, ces trajets entre la crèche, la nourrice et la maison, ou les moments de promenade, sont des occasions de retrouvailles précieuses.

Bien qu'il lui soit possible d'entendre, quand elle n'est pas couverte par le bruit de la rue, la voix sans visage de sa mère ou de son père, et même s'il lui faut se familiariser avec cet environnement souvent quelque peu agressif, on peut s'interroger sur le sentiment de solitude qu'il doit parfois ressentir à se trouver ainsi exposé de plein fouet à un monde inconnu, sans la protection du regard rassurant de l'adulte tutélaire.

Peut-être est-il bon de rappeler que pour le très jeune enfant, l'adulte dont il dépend est au centre de son univers et qu'il a besoin de le garder comme repère, le temps d'accéder à la capacité de se déplacer seul pour explorer le monde qui l'entoure.

Ces exemples n'ont pas d'autre ambition que de matérialiser la tendance regrettable qui consiste à exposer trop précocement le jeune enfant à des expériences considérées à tort comme plus profitables qu'un apport de tendresse et de proximité. Ce sont là des besoins essentiels, qu'on a tendance à négliger du fait de notre mode de vie et de notre propre désir d'indépendance. Mais on sous-estime les ressources précieuses pour son autonomie que l'enfant trouvera plus tard dans ce fonds de sécurité reçu tout petit.

Voyager dès le biberon

Une nouvelle mode consiste pour les parents à inclure leur enfant très jeune, voire encore nourrisson, dans leurs projets de voyage, parfois à l'autre bout du monde.

Dans le souci louable de ne pas lui imposer une séparation inutile et pour le garder près d'eux, ils coupent leur jeune enfant de ses habitudes. Celui-ci se trouve alors confié à un baby-club ou autre nounou au langage inhabituel, dans un environnement qui lui est totalement étranger, sans aucune possibilité d'adaptation préalable.

À peine s'est-il créé quelques repères dans cet univers inconnu et générateur d'anxiété où il a été transplanté sans ménagement qu'il lui faut repartir pour un nouveau périple. Autant de ruptures dans ses habitudes dont il se serait bien passé !

Le bébé n'éprouve pas le même besoin d'exotisme que les adultes, et en lui imposant un changement brutal d'environnement, on exige de lui un gros effort d'adaptation – démesuré par rapport au bénéfice qu'il pourrait tirer d'une expérience superflue à un âge aussi précoce.

Si le besoin d'évasion des parents paraît compréhensible, peut-être faudrait-il accepter l'idée qu'un bébé peut avoir d'autres priorités que les leurs. Et si leur projet éducatif de le rendre adaptable précocement se défend en soi, il convient de reconnaître qu'il y a un âge pour tout. Le bébé, lui, a surtout besoin de stabilité, garante de sa sécurité interne, du moins pendant ses deux premières années.

Si les parents pouvaient en convenir, ils remettraient sans aucun doute leur désir de voyage à plus tard. Leur enfant ayant grandi, sa curiosité profiterait mieux de pouvoir élargir ainsi son champ d'expérience. Le tout petit enfant, lui, a déjà fort à faire pour explorer son environnement quotidien, infiniment riche en sensations de toutes sortes, qu'il lui faut décoder et ordonner pour pouvoir s'y repérer. C'est ainsi qu'il se construit, en référence à un milieu riche de nouveautés, certes, puisque pour un bébé tout est nouveau, mais de nouveautés qu'il a tout le loisir d'intégrer sans se sentir trop déstabilisé par des ruptures répétées et des adaptations précipitées. Comme a pu en souffrir la petite Noémie.

La fillette a 7 mois lorsqu'elle accompagne ses parents pour une semaine de vacances dans une île lointaine. Elle semble s'adapter spontanément aux changements de rythme et reste sociable avec tous les gens qui l'approchent. Elle ne manifeste aucune réticence particulière lorsqu'elle est laissée à la garde de jeunes éducatrices, dont c'est la fonction dans ce lieu de détente.

Les éloges ne tarissent pas à propos de ce bébé toujours de bonne humeur, qui ne manifeste qu'une légère anxiété lorsque le temps de séparation se prolonge un peu trop, alors que, paradoxalement, ses parents l'avaient amenée dans le souci de ne pas se séparer d'elle !

C'est au retour des vacances que les choses se gâtent. Noémie, désorientée par ces changements successifs, exprime son désarroi par des troubles du sommeil. Ayant cohabité dans un bungalow avec ses parents, elle supporte mal de devoir réintégrer sa chambre qui auparavant lui était familière.

Elle refuse obstinément de s'endormir seule, se réveille toutes les heures pour réclamer à grands cris la présence de ses parents. Elle ne se calme que lorsque, de guerre lasse, ils l'acceptent dans leur lit.

Pour ces parents hagards que je reçois en compagnie de leur fillette, le bénéfice des vacances s'est rapidement volatilisé ! Il faudra un certain temps, et des efforts conjugués, pour rassurer Noémie à propos d'un épisode où malgré son apparente adaptation, elle semble avoir été troublée au point de n'en conserver que la crainte d'être abandonnée.

À son retour, c'est le fait d'avoir perdu tous ses repères, ajouté à un vécu de séparation, qui explique ses manifestations d'angoisse nocturne et sa demande de réassurance.

En effet, un bébé supporte la séparation d'avec sa mère quand il peut s'appuyer sur la permanence de son cadre et de son rythme de vie. C'est une certaine régularité de la répétition qui l'aide à se construire, et le prépare à l'introduction graduelle de changements aisément assimilables.

Au final, et à défaut de pouvoir s'accrocher à la stabilité d'un environnement qu'elle ne reconnaît plus, le seul repère fiable pour Noémie reste sa mère. Mère dont elle ne veut plus être séparée pour conserver un sentiment de « continuité d'exister ». Exigence bien légitime chez un bébé encore fragile, et bien peu armé face aux changements qui lui ont été imposés, même si la parole des parents avait tenté d'en atténuer les effets.

Ne nous y trompons pas, si la nécessité de prévenir l'enfant du changement qu'il va devoir affronter reste la moindre des politesses à son égard, les effets de la parole ne sont pas pour autant garantis. La magie des mots n'opère pas de façon systématique, mais selon différents critères qui restent encore à définir. Qui peut dire ce que l'enfant comprend d'un discours parental, dont le premier bénéficiaire est souvent le parent lui-même ? « Je t'ai prévenu dans les règles, à toi maintenant de faire en sorte que tout se passe au mieux de nos intérêts. » Tel serait le sens implicite de cette tendance à expliquer qui soulage en partie, et à bon compte, la culpabilité ou l'angoisse parentale.

Certaines difficultés d'adaptation du jeune enfant restent inévitables, et peuvent se justifier par des impératifs liés à des modifications soudaines de la vie familiale. Mais en dehors d'un changement brutal dicté par l'urgence, le bien-être du tout-petit exige toujours une période d'adaptation, laquelle, une fois encore, suppose que le parent prenne le temps nécessaire pour permettre à l'enfant de se familiariser avec son nouvel environnement.

Le paradoxe des apprentissages scolaires

Du temps pour s'adapter, du temps pour découvrir et apprendre avec les adultes... Un besoin essentiel dont les enfants, même « grands », et donc plus autonomes, sont trop souvent privés, a fortiori une fois lancés dans les grands apprentissages scolaires.

Judith, 6 ans et demi, rentre de l'école avec un travail imposé par son institutrice de CP. Elle doit chercher dans le dictionnaire et expliquer les mots suivants : rêve, féerie, enchantement. Or, sans compter que ces mots ne sont pas forcément familiers à des enfants de cet âge auxquels les nuances de la langue échappent encore, Judith est incapable de se servir d'un dictionnaire, dont elle n'a pas appris le maniement en classe.

La maman de Judith se dit très embarrassée, puisque si elle n'aide pas sa fille dans cet exercice imposé, celle-ci risque d'être pénalisée. Comme ce type d'exercice ne peut pas être fait par l'enfant seul et que l'aide d'un adulte lui est indispensable, les parents se retrouvent dans la nécessité de se substituer non seulement au maître, mais aussi à l'enfant.

Est-il réaliste d'attendre d'un élève de CP qu'il travaille seul ? À moins qu'il ne s'agisse plus simplement d'impliquer les parents et de les rendre ainsi plus concernés par leurs enfants ?

Si le travail scolaire est destiné à mobiliser les parents, que cela soit explicite. Que le contrat ne soit pas hypocrite, mais clairement établi.

De fait, cette pratique « pédagogique » a pour effet d'induire un enseignement à deux vitesses, certaines familles ayant la possibilité d'aider leur enfant, alors que d'autres devront se contenter d'un constat d'impuissance lié à leur différence culturelle ou plus simplement à leur indisponibilité.

Et ce n'est sans doute pas par hasard si le répétiteur d'antan revient à la mode (lorsque les moyens financiers le permettent), sous la nouvelle forme d'étudiants baby-sitters, substituts des parents absents.

Les enfants se trouvent, de fait, confrontés à l'obligation suivante : « Fais preuve d'autonomie dans ton travail, même si tu n'as pas encore acquis la maturité nécessaire. » Injonction paradoxale s'il en est ! Et que l'on retrouve inévitablement dans les appréciations des livrets scolaires sous la forme d'un « pas assez autonome », sans appel, accusateur. Comme s'il s'agissait d'un défaut irrémédiable ! La majorité des enfants, qu'ils soient en primaire ou au collège, sont dans ce cas. Ils ont besoin d'être soutenus par un adulte pour organiser leur temps et apprendre progressivement à maîtriser la tâche. Et lorsque l'enfant a acquis une certaine aisance, il a encore grand besoin, sinon d'être encadré, du moins de pouvoir compter sur l'intérêt que suscitent ses apprentissages pour ses parents. Le problème de cette autonomie scolaire imposée prématurément pourrait se résumer ainsi : « Dans le grand bain, sans bouée, et sans savoir nager. »

Si les parents s'informent et prennent le temps d'écouter et de s'attarder avec leur enfant sans se polariser sur son carnet de notes, il acceptera d'autant mieux les efforts qu'on exige de lui.

Mais que l'on ne s'y trompe pas : si dès le CP un enseignant ne donne pas de travail à faire à la maison, les parents s'indignent aussitôt d'un tel manque de sérieux !

Aussi nous faut-il admettre que tous les enfants, et même les adolescents, attendent de leurs parents soutien et encadrement. Et lorsqu'ils n'en bénéficient pas, ils ont tôt fait de se sentir abandonnés et de désinvestir leur « métier d'élève », pour que leurs parents alarmés et enfin concernés s'intéressent à eux.

D'une certaine façon, le désinvestissement scolaire équivaut à un symptôme de plus en plus fréquent de nos jours. C'est un moyen pour l'enfant d'alerter ses parents et de les mobiliser.

La lecture, un plaisir à partager

Cela dit, le scolaire a bon dos. Peut-être suffirait-il aux parents de partager d'autres activités que les devoirs avec leur enfant pour que celui-ci réinvestisse autrement l'école ? Le rituel de la lecture du soir, par exemple, moment aussi précieux… qu'éphémère. Dès qu'il a acquis un minimum de maîtrise dans cet apprentissage, en effet, les parents s'empressent de laisser l'enfant livré à son livre (difficile de résister au jeu de mots).

Non seulement il n'est pas forcément mûr pour absorber toutes les nuances d'un texte et mettre ses émotions en mots, mais il se trouve surtout amputé du plaisir que lui procurait la présence du parent, et de la connivence affective liée à ces moments privilégiés.

Le risque de ce lâcher prématuré le plus fréquemment observé est de le voir désinvestir la lecture, tout comme il a le sentiment d'être soudain désinvesti par ses parents. Une lecture qui ne lui apporte plus le bénéfice secondaire que représente l'accompagnement sécurisant de son père ou de sa mère, nécessaire pour accéder au désir de lire seul, et à la capacité de s'évader par le livre sans crainte de s'y perdre.

Pourquoi l'idée de lire à haute voix en alternance avec leur enfant vient-elle si rarement à l'esprit de certains parents pressés ? Cette lecture en duo est pourtant une transition bénéfique vers la lecture individuelle.

En outre, les parents pensent stimuler le goût de l'effort de leur enfant pour cet apprentissage essentiel en lui faisant miroiter l'idée qu'il pourra bientôt « lire tout seul ». Cela a parfois pour effet de provoquer en lui une appréhension telle qu'il ne trouve pas d'autre solution que de renoncer à faire ses preuves. En effet, sa priorité à lui ne consiste pas à acquérir une autonomie de lecture, mais davantage à ne pas perdre ces moments de proximité et de partage avec ses parents, dont il a encore besoin de se sentir dépendant.

Qu'il soit mis en situation de lire seul, ou que les parents soient, eux, absorbés dans leur lecture, le résultat est le même : l'enfant le vit comme une mise à l'écart, et ne nous étonnons pas si les jeunes enfants se plaignent souvent de l'indifférence qu'ils ressentent à voir leurs parents lire de leur côté, sans jamais plus rien partager de ce plaisir avec eux.

Comment rester insensible à la demande de complicité des enfants, pour lesquels la lecture de l'histoire n'est qu'un prétexte parmi d'autres, le symbole émouvant d'une attente qui va bien au-delà de l'histoire partagée ?

« Lire avec » c'est « être avec » et les enfants n'en demandent pas davantage aux parents. Cette formule reste valable pour tout ce qui, dans la vie courante, peut justifier leur présence aux yeux de leurs enfants.

Ainsi cette jeune adulte qui, lors d'une séance de psychothérapie, se remémore son enfance. « Mes parents, dit-elle, ne voulaient pas se sacrifier pour leurs enfants, ni faire de concessions par rapport à leur propre liberté, et ce, sous prétexte d'autonomie. Ils me laissaient assumer seule, à 8 ans, mes difficultés scolaires sans m'aider ni s'inquiéter de mes échecs. »

Les rares fois où elle s'en était plainte, ils s'étaient contentés de lui lancer un lapidaire : « Tu assumes... »

121

« Ils n'étaient pas là pour me soutenir dans mon travail. Mes erreurs, ils ne les ont jamais critiquées, pas plus qu'ils n'encourageaient mes résultats. Et sans jamais se remettre en question… Quand on laisse les enfants livrés à eux-mêmes, ils vont forcément au plus facile et n'acquièrent pas le goût de l'effort », ajoute-t-elle.

Dans une sorte de confusion des rôles et des générations, ses parents lui disaient qu'ils n'avaient pas à intervenir dans sa scolarité, ce que la fillette interprétait comme un manque d'intérêt de leur part.

Elle conclut avec une certaine pertinence : « Les parents ne se rendent pas compte à quel point leur soutien nous est nécessaire. Il est bien difficile de se faire la police à soi-même dans l'enfance, et même à l'adolescence. On a déjà tellement de choses compliquées à gérer ! »

Dans ma pratique, je suggère aux parents d'établir avec leur enfant un contrat qui définisse la position de chacun face aux obligations de la vie quotidienne. L'enfant s'engage à faire ses devoirs avant que ses parents le lui rappellent. Ensuite, il doit les solliciter pour la vérification de son travail. Bien évidemment, cet accord peut être étendu à tout autre domaine qui pose problème, pour encourager l'enfant à devenir acteur de ce qui le concerne, et ne pas subir passivement la pression parentale.

Le fait d'anticiper les ordres insistants des parents pour éviter une impression désagréable d'ingérence offre à l'enfant le sentiment non négligeable de maîtriser les obligations qui lui incombent. Cette convention favorise le fait que l'enfant garde l'initiative, et permet aux parents de mettre du cadre sans que cela soit perçu comme pesant.

Mais il ne faudrait pas se méprendre sur le sens de l'autonomie : ce n'est pas parce qu'un enfant peut « faire seul » qu'il doit « être seul ». Il revendique essentiellement l'apaisement que lui apporte le fait d'être dans la contiguïté d'une présence adulte soutenante.

La compagnie des écrans

La solitude dont se plaignent tant d'enfants les conduit, faute d'adultes disponibles, vers les écrans de télévision ou d'ordinateur. Ces activités s'inscrivent en effet dans l'espace laissé libre et en friche par les parents, espace-temps que les enfants livrés à eux-mêmes utilisent à leur discrétion, et de façon passive. Ainsi, selon un récent sondage TF1 mené dans des écoles primaires, 50 % des enfants regardent le journal télévisé sans l'accompagnement d'un adulte. Ils se retrouvent alors seuls face à des images qui les imprègnent d'angoisse à leur insu. Images souvent violentes, en flashes juxtaposés, qui défilent sans aucun lien entre elles, en un temps morcelé proche des clips et du zapping et de leurs effets excitants. Par ailleurs, environ 12 % des enfants de moins de 10 ans ont une télévision dans leur chambre…

Dans un univers sans échanges où tout l'éventail des émotions se trouve sollicité dans un télescopage qui contribue à leur banalisation, comment peuvent-ils s'y retrouver ? Comment peuvent-ils encore se trouver, aliénés qu'ils sont par le manque essentiel du sens, que seule la parole d'un adulte attentif serait susceptible de leur apporter ?

Depuis des années, les chercheurs se penchent sur les conséquences de cette surexposition aux écrans. Aujourd'hui, leur constat est sans appel : les enfants ont une capacité de concentration de plus en plus réduite, au point que la difficulté à fixer leur attention est devenue un symptôme en soi qui inquiète nombre d'enseignants impuissants. Habitués à enchaîner des séquences d'images morcelées qui défilent sans discontinuer et ne contribuent guère à rendre leurs perceptions cohérentes ni à unifier leur pensée, les enfants deviennent des « automates du zapping » jusque dans leurs apprentissages.

Pire encore : une étude de l'American Academy of Pediatrics montre qu'une exposition excessive d'un tout-petit aux écrans peut conduire celui-ci à développer ultérieurement un trouble du déficit de l'attention avec hyperactivité (TDAH) qui le rendra incapable de s'investir dans toute activité demandant du temps. Avec toutes les conséquences que l'on peut imaginer sur sa scolarité…

Il faut savoir que les premières années sont déterminantes pour le développement du cerveau de l'enfant : pourvu d'environ 100 milliards de neurones à la naissance dont beaucoup ne sont pas encore connectés les uns aux autres, c'est au fil des échanges avec l'entourage et d'activités d'éveil appropriées à son âge que se forme peu à peu l'architecture de son cerveau. Or, parce qu'elles sont trop stimulantes, les images vidéo ou télévisuelles provoquent des changements permanents et anarchiques dans le développement des voies neuronales.

Tous les adultes responsables devraient se trouver concernés par ce véritable problème de société qui non seulement incite enfants et adolescents à n'être que des consommateurs privilégiés, mais risque d'entraver leur développement.

La bonne nouvelle, c'est que le phénomène n'est pas irréversible. Et que les enfants n'ont pas besoin de la télé pour se distraire… D'ailleurs, pour revenir à la lecture partagée, sans doute faut-il insister sur cette incroyable capacité des livres à donner des ailes aux enfants ! Lire, ce n'est pas seulement le plaisir de découvrir une histoire, des images, qui parlent à l'imaginaire et le nourrissent. C'est aussi ralentir le temps, tourner les pages à son rythme, s'arrêter, repartir ou revenir en arrière… Les mots et les couleurs chantent à chaque page, les phrases décryptées prennent du sens, lui permettent d'étoffer son vocabulaire et d'enrichir son langage sans lequel aucun développement de la pensée n'est possible. Avec un livre, l'enfant s'approprie le monde à son rythme, et ce d'autant plus qu'il en partage l'exploration avec ses parents.

Mon propos n'est pas de rejeter la nouveauté. Nous connaissons tous des enfants pour qui les écrans ne prennent pas toute la place, simplement du fait qu'ils ont d'autres interlocuteurs et que les parents y veillent. Le problème se pose dès lors qu'ils n'ont pas d'autres ressources relationnelles. Tenir compte de ce constat peut permettre d'endiguer le pouvoir désorganisateur de l'image, et de redonner à l'enfant une pensée lucide et créative.

Pour poursuivre sur la nécessité structurante de la présence adulte, on reste interloqué par le fait que le langage de l'enfant tend à devenir monosyllabique, une idée se limitant souvent à une onomatopée. De fait, les modalités d'expression propres aux médias se sont peu à peu imposées comme modèle absolu : langage au rythme saccadé, celui du zapping dont ils sont imprégnés, et qui les fait passer d'une idée à l'autre sans nuance ni transition. S'il est admis en effet aujourd'hui que les enfants ne savent plus écrire, il est également reconnu qu'ils savent de moins en moins s'exprimer oralement, du fait des trop rares occasions qui leur sont données d'échanger des idées ou des émotions avec leurs proches. C'est un fait de société : dans les familles, on se contente souvent de vivre côte à côte dans une hyperactivité compulsive. Un seul mot d'ordre : chacun pour soi. Nous faudra-t-il nous résigner à cette forme d'autonomie égocentrique, amputée de toute empathie pour l'autre, véritable aliénation sociale ?

La fausse autonomie des enfants « branchés »

Aujourd'hui, les enfants comme les adultes ont la possibilité de se brancher sur le monde entier par outils technologiques interposés, ce qui leur donne le sentiment d'être en permanence en relation avec le monde extérieur ou avec leurs proches ; il nous faut convenir qu'ils communiquent plus aisément par le biais des téléphones portables que dans la proximité quotidienne avec les leurs. Étrangement pourtant, c'est ce dont ils se plaignent…

Mais est-ce vraiment de la communication ? Réduite à l'essentiel, il n'en reste généralement qu'un message abrégé, en dehors de toute proximité physique et affective. Ils n'ont plus accès au langage corporel de l'autre par lequel s'expriment les émotions les plus subtiles dans un large éventail de nuances : regard, mimique, intonation de la voix, etc., tout ce protolangage archaïque, propre aux très jeunes enfants, et que l'accès à la langue parlée n'élimine jamais totalement de notre réserve d'expressions.

Pour revenir à ces nouveaux procédés de communication et les resituer dans le contexte qui nous intéresse ici, à savoir l'accès à l'autonomie, la question se pose alors de définir si nos enfants ainsi conditionnés sont devenus plus ou moins autonomes.

S'ils se plaignent du manque de présence de leurs parents, constat admis par les parents eux-mêmes, ils peuvent néanmoins échanger à tout moment avec eux.

Il est vrai qu'avec un enfant qui circule seul, le téléphone portable est perçu comme une sécurité. Certains en font un usage judicieux. Mais, pour beaucoup d'autres, ce petit boîtier est comme une laisse, une sorte de cordon ombilical symbolique compensatoire de l'absence. Cela conditionne le fait qu'il n'est plus question de différer le besoin de communiquer, mais de réagir instantanément lorsque ce besoin s'impose à eux de façon impérative. Ainsi sollicitent-ils leurs parents n'importe quand et pour n'importe quoi. Et tout est à résoudre dans l'immédiateté, sans se donner aucun temps de recul. Avec le bénéfice non négligeable de s'assurer en permanence de la disponibilité de leurs parents. Juste retour des choses, car à vouloir s'assurer d'un contrôle sur les enfants, les parents se sont faits eux-mêmes les initiateurs d'une situation qui se retourne contre eux.

Et l'on entend désormais les parents, flairant le piège, se plaindre d'être dérangés à tout propos, voire de se sentir harcelés. Tel est le cas des parents de Lucie qui, dans le souci d'apaiser son anxiété, l'ont équipée, tout comme ils le sont eux-mêmes, d'un téléphone portable. Lucie, 10 ans, arrive en effet en consultation, accompagnée par sa mère, pour des angoisses liées au fait qu'elle doit rester seule chez elle après l'école jusqu'au retour des parents. Lucie a peur des voleurs.

La mère se plaint amèrement devant sa fille que « cela n'a rien résolu ! ». Bien au contraire. Elle n'a plus de répit, appelée à tout moment, même lors de la récréation, pour une note bonne ou mauvaise, un conflit ou une déception avec un autre élève, etc.

– Je me sens persécutée par ma fille.

Sourire de Lucie, où perce une certaine jubilation :

– Le portable, c'est fait pour ça, pour que je puisse te joindre partout et quand je veux !

– Mais il m'arrive d'être en réunion de travail et que tu m'appelles à ce moment précis, c'est très gênant.

– Je ne peux pas le savoir, tu n'as qu'à arrêter ton portable et me prévenir en me laissant un message.

– Alors il faudrait aussi que je te rappelle lorsque la réunion est terminée, et tu risques d'être en cours, ton portable éteint.

– Tu n'as qu'à me laisser un message, ça me rassurera.

127

J'assiste perplexe à l'enclenchement d'une spirale absurde !

Il en va de même le soir, lorsque ses parents sortent et que Lucie, dans une obsession vérificatoire, ne cesse d'imposer sa présence vocale. Situation sans issue qui cache la véritable préoccupation de Lucie à propos de ses parents, dont elle craint la disparition depuis qu'ils ont eu un accident de voiture sans gravité. Du coup, elle les a mis sous surveillance.

Lucie souffre d'une angoisse liée au fait que, répondant depuis toujours à ses exigences, ni son père ni sa mère n'ont su lui imposer des limites sécurisantes. D'où le besoin de réassurance permanent de leur fille. Malgré l'utilisation paradoxale d'un appareil spécialement conçu pour autonomiser davantage, aucun d'eux ne bénéficie de la moindre liberté dans cette situation de dépendance mutuelle. Il allait falloir suggérer une utilisation plus cohérente de cet appareil, afin que Lucie mette en place des défenses appropriées pour lutter contre des angoisses, que les parents et leur fille se transmettaient sans relâche.

Du reste, peut-être le comportement de Lucie n'était-il pas fortuit. Je m'explique : un jour où je reçois sa mère seule, lorsque j'ouvre la porte de la salle d'attente, je la trouve en grande conversation sur son téléphone portable. Elle se lève, entre dans mon bureau sans manifester la moindre intention de mettre un terme à l'échange avec son interlocuteur, ni s'excuser auprès de moi. Médusée par ce comportement contraire au savoir-vivre, je fais intérieurement le constat qu'elle ne me paraît pas maîtriser mieux que sa fille les règles élémentaires de la « communication nomade ». Une fois de plus s'impose la question de l'éducation par l'exemple...

Sans tomber dans une caricature qui n'est pas, loin s'en faut, la norme, il nous faut pourtant bien admettre que cette nouvelle pratique qui sécurise tout le monde à bon compte ne contribue pas à rendre l'enfant plus autonome, c'est-à-dire capable de trouver en lui-même la solution à un problème imprévu. En effet, pouvoir joindre ses parents à tout instant le dispense de tout effort pour s'individualiser.

C'est ainsi que Thomas, 10 ans, parti sur sa demande pour une semaine en stage de tennis, sport qu'il affectionne, gratifie ses parents d'un premier message enthousiaste confié au téléphone portable de son père : « Tout va bien, c'est super ! » Message lapidaire s'il en est, mais rassurant en tout point pour ses parents.

Pourtant, lorsqu'il réalise qu'il fait ainsi la part bien trop belle à ses parents partis en couple de leur côté, il envoie, dès le lendemain, un second message au ton radicalement différent. Les règles de la vie en groupe lui paraissent soudain insurmontables. Il supplie ses parents de venir le chercher en urgence : « C'est l'horreur ! » Le message, destiné à culpabiliser ses parents, atteint son but, en particulier chez sa mère : le désarroi de son fils la touche au plus haut point. Toutefois le père, conscient de l'emprise de Thomas sur sa femme, prend alors une décision drastique et décide de ne plus se prêter au jeu de son fils : il éteint son portable, solution radicale selon lui pour mettre Thomas face à ses choix et en situation de devoir les assumer. À son retour, les parents retrouvent un fils détendu et ravi…

Les nouveaux moyens de communication qui permettent une connexion illimitée avec les autres nous donnent le sentiment d'être autonomes, alors qu'en fait nous sommes toujours branchés, et donc dépendants. Notre autonomie se révèle n'être que relative et parfois même un véritable leurre, dans la mesure où il est désormais inacceptable de ne pas être joignable ni informé sur-le-champ. Constat d'un bon nombre d'adultes ainsi piégés sur le plan professionnel, au point de se sentir harcelés dans leur vie privée.

Le téléphone mobile fonctionne ainsi souvent comme un nouveau doudou sophistiqué qui relie les enfants à leurs

:t les incite à la régression. Avec un portable sur soi,)mme une prothèse, parents et enfants peuvent se r victimes d'un nouveau mode de dépendance. Paradoxalement, en effet, si elle rassure les parents et les déculpabilise de leur absence, cette possibilité de liaison permanente comporte le risque de les enchaîner les uns aux autres.

Force nous est de constater que les parents, à leur insu, se rassurent davantage par la quantité de leur présence virtuelle par appareil interposé, plutôt qu'ils ne s'attachent à sa qualité, celle que procure à l'enfant leur présence réelle.

Par ailleurs, la tentation de transgresser grâce au téléphone portable, sous couvert d'informations rassurantes pour les parents, peut s'avérer préjudiciable à la sécurité de l'enfant. En effet, même s'il reste joignable à tout moment, il peut tricher sur l'endroit où il se trouve. Il semble bien que l'essentiel soit de ne pas inquiéter les parents, et pour les parents de se sentir tranquillisés… même au prix d'une fausse réassurance ! Au bout du compte, la seule certitude permise par l'appareil, c'est de vérifier que l'enfant est bien vivant… confirmation certes appréciable.

En encourageant ces modalités, les parents ne privilégient-ils pas leur propre intérêt sous couvert de celui des enfants ? De fait, entre eux se trouve instaurée une complicité douteuse quant à leur autonomie mutuelle !

De l'immaturité

De la maternelle à la terminale, l'une des appréciations favorites des enseignants est « manque de maturité », comme s'il n'y avait pas un temps pour tout, comme si on ne pouvait pas laisser à un enfant le loisir d'avoir son âge ! Serait-ce pour les adultes une façon de dénier à ces enfants chrysalides qui mûrissent sous leur responsabilité la protection nécessaire à leur lente métamorphose ? L'immaturité constitutive de l'état d'enfance serait-elle l'équivalent d'un handicap ou d'une maladie qu'il faudrait au mieux proscrire d'emblée comme n'ayant pas lieu d'être, au pire guérir au plus vite par une autonomie administrée de force ? Pourtant, l'immaturité inhérente à l'état d'enfance ou d'adolescence est un état transitoire et précaire, précieux entre tous puisque limité dans le temps. Un état de grande fragilité et de pulsion de vie intense, que l'adulte se doit de protéger et de canaliser, et non de pervertir par souci de précocité.

Comme une plante qui a besoin d'un tuteur pour pousser droit vers la lumière, mais à son rythme, les parents doivent se poser en tuteurs de leurs enfants. Tant qu'il est dépendant des adultes, l'enfant aura besoin de pouvoir compter sur un cadre nécessaire pour le soutenir et lui permettre de progresser. À défaut de ce tutorat, il risque de se développer de façon anarchique. Entendons-nous bien, le tuteur, c'est l'éducateur dans son sens le plus altruiste : celui qui donne l'exemple, sans esprit de dressage ni de coercition, celui qui respecte l'enfant et l'adolescent dans sa singularité, et sa différence, sans se servir de son immaturité pour le soumettre arbitrairement à ses désirs. C'est pourquoi nous devrions réfléchir, nous adultes, avant de nous plaindre amèrement du manque de respect des enfants à notre égard, car ce respect s'instaure en premier lieu dans le sens parents-enfants !

L'immaturité reste trop souvent considérée dans un sens péjoratif, alors qu'elle doit s'interpréter comme une période de vacuité transitoire, un passage obligé, constitutif de la maturité adulte à venir. Ainsi, le fait qu'un enfant accepte de renoncer progressivement à la dépendance pour grandir et avancer en tâtonnant vers le statut de futur adulte ne signifie pas pour autant que ce parcours puisse se faire sans une reconnaissance essentielle : le droit à l'immaturité et le fait de n'être pas responsable de lui-même.

Car, selon la formule de D.W. Winnicott, « pour l'immaturité, il n'y a qu'un traitement, l'écoulement du temps, et la croissance vers la maturité que seul le temps peut favoriser[1] ». L'immaturité est pour lui un élément primordial de santé et un état facilitant la lente prise de conscience pour devenir responsable, de soi en premier lieu. Elle est la condition qui permet un cheminement constructif vers plus d'autonomie. À nous de rester vigilants pour épargner à l'enfant et à l'adolescent une pseudo-maturité se traduisant par une imitation, une identification prématurée à l'adulte, artificielle car édifiée sur un faux moi et lourde de conséquences pour l'avenir.

Je reçois Jean, que je vois depuis quelque temps déjà pour un échec scolaire et une réelle difficulté à se concentrer, exceptionnellement accompagné par sa sœur aînée, âgée de 19 ans. Jean semblait tenir beaucoup à ce qu'elle assiste à sa séance, ce que j'ai accepté, sur son insistance. D'emblée, la jeune fille exprime librement ses sentiments à propos de la thérapie de son frère. Selon elle, ses parents ne s'occupent pas suffisamment de Jean : « Il est tout le temps occupé à des faux loisirs : la Game Boy, Internet ou la télévision, parfois aux trois à la fois, avec son téléphone portable à côté de lui, au cas où... Alors pour résoudre ces mauvaises habitudes, nos parents n'ont rien trouvé de mieux que de l'envoyer chez le psy ! C'est la génération de 68, une vraie génération de schizophrènes, ajoute-t-elle. Ils ne font que ce qui les arrange, sans tenir compte de leur discours plaqué sur des valeurs qu'eux-mêmes ne respectent pas. Ils se contentent de déléguer la responsabilité de s'occuper de leurs enfants à la crèche-garderie, à l'école-garderie, et même à la Game Boy et à la télé-garderie. »
Cette jeune fille dénonce avec vigueur l'irresponsabilité d'une société qui fait passer ses intérêts économiques avant

---

1. Donald W. Winnicott, *Jeu et réalité*, Gallimard, 1975.

ceux de ses enfants. En effet, celle-ci ne leur propose que des objets obsessionnels et artificiels qui favorisent la dépendance. Cyniques et sans états d'âme, les industriels et leurs publicitaires ne s'avancent pas masqués, loin de là, et annoncent ouvertement leur projet de rendre les enfants accros aux produits qu'ils créent pour eux – consoles de jeux, sites Internet et autres Pokémon, auxquels les enfants se trouvent assujettis, et leurs parents aussi par extension. Ces programmes lancés sur le marché à destination de la jeune clientèle mobilisent notre tendance à la facilité. Celle-ci se trouve alors piégée dans une forme d'endoctrinement, un code social, qui met à l'écart les familles qui résistent à ces pratiques pour protéger l'autonomie créative de leurs enfants.

Tout en continuant le modelage qu'il a entrepris, Jean semble ne pas perdre un mot du discours de sa sœur, qui ajoute, sans concession : « Les parents devraient se dégager de leur travail et être plus disponibles, mais ça ne sert à rien de leur dire qu'ils rentrent trop tard, tant qu'ils refuseront l'idée que leurs enfants ont aussi des droits sur les parents, et les parents des devoirs envers leurs enfants. » Puis, sur un ton sans appel : « C'est une très mauvaise évolution sociale qui a des répercussions graves sur les enfants qui le vivent mal. »

Et pour donner plus de poids à ses paroles : « Je sais de quoi je parle, car j'ai été moi aussi en échec scolaire, et je n'ai pas plus confiance en moi que Jean. J'en ai souffert, et j'aurais bien aimé sentir les parents plus concernés par ma vie, et s'inquiéter davantage de ma sécurité. Car j'étais encore très jeune quand j'ai commencé à sortir seule le soir. Et à la limite, si je ne rentrais pas à la maison, personne ne s'en apercevait ! À l'époque cela m'arrangeait bien. Mais un jour où je passais des vacances chez une amie, et que nous étions sorties, à notre retour au petit matin, elle a reçu une gifle de son père, inquiet qu'elle ne soit pas rentrée de la nuit. Je l'ai enviée. À sa manière, même un peu brutale, son père lui signifiait à quel point elle était importante pour lui et l'intérêt qu'il lui portait. »

En même temps qu'elle évoque le manque d'investissement de ses parents durant son enfance, cette jeune fille exprime de façon pertinente la situation similaire de son frère : le manque d'une présence parentale qui transforme l'environnement des enfants en un monde « désaffecté ».

Irène Théry écrit à ce propos : « Les relations entre parents et enfants apparaissent comme la source d'un désarroi important, d'un brouillage des repères fondamentaux de l'éducation et d'une crise de la transmission [...]. Considérer l'enfant comme une personne déjà constituée dont il ne s'agirait que d'accompagner le développement et de favoriser les potentialités propres consiste très précisément à dévaluer la tâche de l'apprentissage du monde au profit de celle de l'émancipation vitale. » Elle nous met en garde « contre toute tentation d'affaiblir la protection à laquelle l'enfant a droit au nom d'une mythique *émancipation*[1] ».

Dans le même ordre d'idée, un petit enfant a tout simplement besoin de quelqu'un *pour qui* et *avec qui* manger. Car l'alimentation est marquée par l'affectivité. Ne nous étonnons pas de l'importance de plus en plus critique que prennent les troubles alimentaires, tant ceux de l'adolescence que ceux, de plus en plus fréquents, de la petite enfance.

Tout enfant ou adolescent aspire à avoir quelqu'un, pour qui et par qui ses efforts et ses apprentissages prennent sens. Aussi est-il en attente légitime d'un regard intéressé et d'une écoute attentive qui valorise ses efforts. Comme l'exprime si bien la grande sœur de Jean, rien n'est plus déroutant pour

---

1. Irène Théry, *Couple, filiation et parenté aujourd'hui : le droit face aux mutations de la famille et de la vie*, Odile Jacob-La Documentation française, 1998.

un enfant que l'indifférence qu'il peut ressentir de la part de sa famille.

Tout comme il n'y a rien de plus rassurant pour lui que de résister d'abord (ce qui est de bonne guerre…), puis de se conformer aux interdits parentaux. Une trop grande tolérance risque souvent d'être ressentie par l'enfant comme du laxisme.

Cette séance au cadre inhabituel car improvisé aura sur Jean un effet thérapeutique inespéré. Car en même temps que la jeune fille devenait pour son frère une alliée et un substitut parental soutenant, elle donnait sens au symptôme du jeune garçon grâce à l'interprétation lucide du fonctionnement familial. Le fait même de se sentir compris par sa sœur et de se retrouver concerné par un vécu commun permettra à Jean de sortir de sa léthargie pour s'investir davantage dans sa scolarité.

8.

Sur le chemin de l'autonomie

> « Nous nous développons dans la sympa-
> thie, mais c'est en nous opposant que nous
> apprenons à nous connaître. »
>
> André Gide

Les enfants éprouvent tous le besoin de partager du temps avec leurs parents. Leur présence attentive représente pour eux un tremplin symbolique à partir duquel ils peuvent s'élancer, confiants et sécurisés, dans l'exploration du monde et vers de nouvelles expériences.

Car si l'autonomie, cette capacité à faire des choix seul et à utiliser ses propres ressources, ne se décrète pas, elle s'apprend jour après jour en même temps que l'enfant se forge une identité. Mais pas tout seul !

Une présence qui soutient

Se sentir soutenu par les adultes est indispensable à tous les enfants, un besoin que l'on peut comparer à celui du bébé qui, porté par des bras aimants, se sent protégé par cette proximité chaleureuse, expérience première qui restera sa référence toute sa vie !

Encore l'adulte doit-il persévérer dans cet accompagnement, et veiller à donner à l'enfant son content de présence structurante en ajustant progressivement celle-ci à sa progression dans l'autonomie.

Il me revient à ce propos une belle image, celle d'un couple et de son bébé installé dans une poussette, embarquant tous les trois sur une navette faisant la liaison entre Stresa et les îles Borromées. À peine le bateau a-t-il quitté le quai que l'enfant, âgé d'un peu plus d'un an, manifeste en se tortillant son désir d'être détaché pour sortir de sa poussette. Ses parents résistent un moment, tentent de détourner son attention en lui proposant un jouet. En vain : l'enfant se tortille de plus belle en pleurnichant. De guère lasse, les parents se consultent et décident de libérer leur fils du harnais qui le maintient assis. L'enfant refuse de rester dans leurs bras. Cependant, la houle qui fait danser le bateau sur les flots rend particulièrement périlleuse la marche dont ce tout-petit n'a pas encore acquis la maîtrise. Pourtant, le jeune couple ne semble pas autrement inquiet et laisse l'enfant tenter l'expérience en le maintenant à peine. Campé sur ses petites jambes, il essaye d'abord d'adapter son équilibre aux mouvements du bateau puis, pour se réassurer, il cherche le regard de sa mère. Alors, dans une jubilation communicative, il s'élance, accompagné par son père, vigilant, à ses côtés.

Ce qui me frappe, dans cette scène, c'est la capacité de ces parents à encourager la tentative d'autonomie de leur très jeune enfant. Ils créent entre eux une connivence qui garantit un sentiment de confiance intérieure chez leur petit garçon, dans des conditions pourtant inhabituelles dont les parents sont tout à fait conscients et qu'ils gèrent très bien.

Cette anecdote renvoie à une autre, rapportée par Françoise Dolto. Dans une aérogare, elle avait aperçu un jeune enfant s'éloigner progressivement de sa mère, tout en vérifiant qu'il restait bien sous la surveillance de son regard attentif, sorte de cordon ombilical visuel. En effet, la maman ne le quittait pas des yeux, accompagnant ainsi le désir d'exploration de son enfant sans l'entraver par des manifestations d'anxiété, veillant seulement à maintenir un lien symbolique protecteur par le jeu de l'échange des regards.

Dans ces deux observations, il paraît important de souligner combien l'environnement affectif sécurisant donne des ailes à l'enfant en confirmant à la fois son désir d'autonomie et sa capacité à se lancer. Ainsi autorisé à utiliser ses compétences locomotrices, il prend l'initiative de la séparation et se risque à explorer un espace de plus en plus vaste.

Or c'est bien sur ce schéma que viendront se calquer, les années suivantes, ses prochaines tentatives d'autonomisation, et cela jusqu'à l'âge adulte. Mais il convient d'insister sur le fait que l'expérience contribuera d'autant plus à la maturation d'un « moi autonome » qu'elle se fonde sur une confiance mutuelle entre parents et enfant. Les premiers veillant à ne pas gêner ni anticiper la prise d'indépendance du second, mais se contentant simplement de la reconnaître, de la valoriser, et de l'accompagner selon son âge et ses besoins.

À ce propos, il me revient en mémoire ce que me disait, lors d'une séance de psychothérapie, un adolescent qui souffrait d'une difficulté à s'intégrer dans les groupes de sa classe, dont il se sentait toujours exclu.

Sous prétexte que sa naissance avait été difficile, ses parents l'avaient longtemps maintenu dans une dépendance surprotectrice. Lucide à propos de son vécu d'enfant entravé dans ses tentatives d'indépendance, il avait enfin pu verbaliser sa conception du rôle qui revient aux parents dans l'éducation de leurs enfants. Selon lui, les parents devaient représenter « un mur » mais, insistait-il, « non pas un mur bouchant l'horizon, mais un mur derrière moi sur lequel j'aurais pu prendre appui si nécessaire ». Un « mur de soutien », en quelque sorte, comme l'avait été la présence des parents du petit garçon sur le bateau, et le regard de la maman dans l'aérogare.

Au passage, n'est-il pas symbolique que les deux derniers exemples évoqués se soient passés dans des lieux invitant au voyage ? Celui de la vie, sans doute...

Soutenu oui, mais pas au centre de tout !

Être porté, au sens propre comme au sens figuré, être spectateur de la vie qui s'exprime de différentes façons autour de lui ou avec lui dans les activités qu'il partage avec ses parents, voilà qui est infiniment précieux pour un jeune enfant.

Dans notre société, il en est parfois privé, soit qu'il se trouve totalement exclu de la vie des adultes, soit qu'il soit placé au centre de leur vie (ce qui est, bien souvent pour les parents, une façon de compenser leur absence). Cela devient alors pour lui une source de malentendus et de revendications.

Ce qu'il souhaite, en effet, c'est que l'adulte « s'occupe de ses affaires avec confiance sans paraître lui demander la permission[1] ».

Il n'en est pas toujours ainsi : certains parents, ne sachant pas toujours comment se comporter vis-à-vis d'un enfant qu'ils ont placé au centre de la famille et redoutent de contrarier, attendent en quelque sorte d'être guidés par lui. Or, plus il est jeune, plus il a besoin de se sentir rassuré par la présence d'adultes compétents, capables de prendre des décisions et de faire les choix nécessaires à son bien-être. D'occuper pleinement leur rôle de parents, en somme ! Car il est particulièrement anxiogène pour le jeune enfant de ne

---

1. Boris Cyrulnik, *Sous le signe du lien*, Hachette Littératures, 1989.

pas savoir qui décide. Il n'aura alors de cesse de provoquer ses parents, de s'opposer à eux pour tester leur fermeté afin de se réassurer.

Robin est un petit garçon de 2 ans parfaitement intégré à la crèche, où il est considéré comme un enfant joyeux et docile, n'ayant pas de difficulté particulière à quitter son papa ou sa maman le matin.

Mais un jour, de façon imprévisible, il refuse obstinément de sortir de la voiture, se met à hurler et résiste aux tentatives maternelles pour le calmer.

La situation semble sans issue jusqu'à ce que la maman, subitement inspirée, lui propose de prendre lui-même un ticket à la borne de stationnement. Sa colère tombe aussitôt. Il consent à descendre de l'auto, insère la pièce, prend le ticket qu'il tient à mettre lui-même derrière le pare-brise. Et c'est d'un pas déterminé, avec une sérénité retrouvée, qu'il franchit gaillardement la porte de la crèche.

Dans cette mise à l'épreuve de l'autorité maternelle, Robin cherche à vérifier qu'il peut s'appuyer sur quelqu'un qui lui résiste. Piégé dans la confrontation qu'il a provoquée, il ne sait pas comment revenir sur son refus. Aussi sa mère, sans renoncer à son but, lui offre-t-elle l'occasion de s'identifier à elle, dans un geste habituel que Robin a bien souvent observé. Identifié au comportement maternel, il ressent un réel soulagement à cette issue favorable qui ménage sa susceptibilité. Il éprouve le sentiment de décider par lui-même, tout en étant conforté dans l'idée qu'il peut compter sur la détermination de sa mère.

Celle-ci aurait pu faire le choix d'une attitude autoritaire et sortir de force son petit garçon de son siège-auto. Mais elle a préféré opter pour un compromis où personne ne perd la face : ni elle dans son rôle d'autorité sécurisante, ni l'enfant en quête d'une reconnaissance de son désir d'indépendance.

Le ticket n'est-il pas symbolique de ce « droit de passage » qui lui donne le sentiment d'agir de son plein gré, tout en traçant le chemin vers un besoin d'autonomie soutenu par la mère ?

Aucun enfant ne souhaite être plus fort que l'adulte et obtenir le contrôle de la situation. Si tel est le cas, il se trouble, panique et est prêt à tout pour obliger l'adulte à reprendre le contrôle qui lui revient. Tels ces jeunes enfants amenés en consultation pour des crises de colère clastiques, des exigences démesurées et jamais assouvies, et autres attitudes tyranniques qui débordent leurs parents et les laissent démunis, prêts à tout pour que cessent ces luttes stériles, épuisantes, que rien ne parvient à endiguer.

Certains, par désespoir, en sont réduits à utiliser la coercition. Ce faisant, ils compriment certaines étapes du développement de l'enfant au bénéfice d'un conditionnement qui est le contraire de l'accession à un moi équilibré et autonome. Les enfants ainsi soumis au pouvoir discrétionnaire de l'adulte, ou considérés en adultes avant l'heure, risquent bien de devenir plus tard des individus instables ou peu épanouis, incapables de se suffire à eux-mêmes.

Lorsque les parents ont compris cela, ils ne craignent plus d'imposer des limites à leur enfant en qui ils gardent leur confiance tout en se faisant confiance eux-mêmes. Celui-ci, enfin rassuré, ne peut qu'en ressentir un profond soulagement. Ce qui est essentiel à l'épanouissement de la personnalité réside en un cadre qui respecte l'espace de chacun dans la proximité et la tolérance.

Des limites bien tempérées

Si on ne le bride pas de façon excessive, à mesure que se développent ses capacités motrices et intellectuelles, l'enfant ne se lasse pas d'explorer le monde qui l'entoure. Sa curiosité est un élan vital, indispensable pour grandir, développer sa pensée, stimuler sa créativité et… son autonomie !

Ainsi, l'enfant se comporte naturellement comme le ferait n'importe quel scientifique respectable qui aurait su conserver intacte sa curiosité infantile. Einstein lui-même, comme tant d'autres chercheurs, se disait toujours fasciné par les questions que se posent les enfants d'âge préscolaire, enfants dont il recherchait la compagnie tant il appréciait qu'ils soient encore si peu influencés par les idées toutes faites.

Tout comme les scientifiques, l'enfant observe, s'interroge, et intervient pour tester ce qu'il va provoquer par son intervention. Sans jamais se lasser, il juge du résultat, et refait l'expérience autant de fois qu'il le faut pour acquérir une certaine maîtrise, et en tirer des éléments de connaissance qu'il s'approprie et ordonne. Il les utilisera ensuite dans une situation différente.

Ainsi progresse-t-il par lui-même et parfois en se mettant dans des situations compliquées, ou en enfreignant les règles. Rappelons qu'un jeune enfant n'a pas encore intériorisé la notion du danger ni intégré les interdits. C'est le rôle des parents de les lui enseigner progressivement, en lui proposant des modèles auxquels il pourra se référer, en encourageant sa curiosité sans omettre de lui signifier les consignes et les limites à ne pas dépasser. Une façon de poser autour de lui un cadre rassurant à l'intérieur duquel il pourra exercer sa liberté.

Quel enfant ayant acquis une certaine aisance dans la marche est capable, par exemple, de résister au plaisir jubilatoire de patauger dans une flaque d'eau, expérience anodine sans conséquences fâcheuses et que pourtant de nombreux parents réprouvent?

Ainsi ce petit garçon de 2 ans à peine qui, lors d'une promenade d'été en montagne avec ses parents, croise une petite mare formée par le suintement d'un ruisseau. À l'instant même où il la repère, il tente de la traverser. En vain : son père l'en empêche fermement et poursuit son chemin sans réaliser ce qui continue à préoccuper l'enfant qui tourne la tête, avec insistance, pour ne pas perdre de vue son centre d'intérêt. Car persévérant et loin de renoncer à une attirance aussi irrépressible, il finit par se dégager de la main de son père, pour rebrousser chemin à toute allure, et sauter à pieds joints dans l'espace convoité.

Son plaisir à s'éclabousser est si intense que, pris de court et amusés, les parents se contentent de mettre un terme à cet acte d'indiscipline, mais en autorisant malgré tout l'enfant à rester sur le bord. Ainsi lui permettent-ils de tenter d'autres expériences avec l'élément liquide, tout en lui imposant de respecter la consigne.

Cette liberté accordée sous condition lui aménage un espace fertile pour d'autres explorations. Mais comment animer autrement la surface liquide? Ayant intégré l'interdiction d'utiliser ses pieds, il repère, non loin de là, des petits cailloux qu'il lance pour s'éclabousser à nouveau. Puis il avise une branche d'arbre qu'il fait flotter.

Ce faisant, il ne transgresse plus les limites imposées, en même temps qu'il satisfait à son désir de tester l'élément, et plus simplement de jouer. Ce compromis avec ses parents lui permet d'assouvir la curiosité insatiable propre à tout jeune enfant. Curiosité qui trouve là un champ d'expériences ludiques illimité qu'il peut utiliser à sa guise, sous le regard encourageant de ses parents qui ne se privent pas de partager son excitation. Et qui considèrent l'interdit posé comme une évidence facilement respectée par l'enfant, alors même que celui-ci n'en avait saisi d'emblée ni le sens ni l'enjeu. Si les lui expliquer reste élémentaire et indispensable, cela n'est pas toujours convaincant pour l'enfant dont la vitalité exploratrice a surtout besoin de se concrétiser dans des actes. Sa pulsion de savoir le porte à vérifier son intuition avec toute l'audace dont il est capable, pour passer d'une étape de maîtrise à une autre, tant sur le plan moteur qu'intellectuel. En exprimant ses propres choix, il construit et affirme sa personnalité.

Une fermeté bien dosée

Vis-à-vis de l'enfant qui par son immaturité se trouve dépendre de l'adulte, ce dernier, fort de son autorité, se limite souvent à l'alternative « interdire ou obliger », plutôt que de l'accompagner dans sa recherche personnelle. Il croit sans doute ainsi le protéger du pire alors que, ce faisant, il l'empêche de progresser à son rythme et de trouver les solutions par lui-même en faisant appel à sa propre créativité. Car forcer un enfant à se conformer systématiquement aux ordres ne peut que générer, à l'âge adulte, une tendance aux comportements stéréotypés. C'est le conditionner par la contrainte, l'inverse d'un accès véritable à l'autonomie. En effet, il y a « contraintes » et « contrainte ». Les premières protègent la sécurité de l'enfant et balisent son espace de liberté, évitant ainsi qu'il envahisse celui du voisin. Ce sont les *limites* du respect de soi et des autres, indispensables à la vie sociale. À l'inverse, la contrainte gratuite et coercitive, produit d'une autorité arbitraire, fait de l'enfant un objet manipulable à merci, lui interdisant le droit d'accéder à la compréhension et à la maîtrise de son environnement. Cette dernière ne sert qu'à la domination de l'enfant par l'adulte, et en quelque sorte à son asservissement à des fins de contrôle. Car la curiosité insatiable des enfants inquiète : qui peut savoir jusqu'où peut aller leur acharnement à questionner le monde ?

Il nous faut choisir entre une éducation qui aurait pour priorité de soumettre l'enfant, c'est-à-dire de le maintenir dans la dépendance, et celle qui, fondée sur la confiance, a pour priorité de l'épanouir en l'initiant à devenir autonome. Comment cet enfant respecterait-il les autres, s'il n'a pas été lui-même un sujet digne de respect ? L'enjeu ici est capital, puisqu'il concerne les futurs adultes, et par extension les choix de société dont ils auront la responsabilité.

La scène plutôt banale évoquée plus haut n'en reste pas moins riche d'enseignement sur une attitude parentale qui allie fermeté et complicité, pour soutenir, en fonction des capacités liées à son âge, les tentatives d'autonomisation de l'enfant.

Car en même temps qu'ils gardent le contrôle de la situation et sécurisent leur enfant, les parents créent pour lui de nouvelles conditions qui, tout en stimulant sa capacité d'adaptation, encouragent sa tendance innée d'explorateur en herbe. En cautionnant les initiatives de l'enfant et en partageant les émotions qu'il ressent, ils créent avec lui une connivence bénéfique, dans sa progression vers l'indépendance.

Dès sa venue au monde, tout enfant aspire à l'autonomie. L'essentiel n'est pas de la précipiter, mais de mettre l'enfant, au contraire, en situation d'y accéder à son rythme, en donnant des preuves de sa capacité à s'autodiscipliner : seule discipline véritablement efficace puisque motivée par le désir intime de bien agir selon ses propres valeurs, au lieu de simplement obéir à des ordres. Mais entendons-nous bien, ces valeurs, l'enfant les intègre et les fait siennes sous le regard bienveillant de l'adulte, qui au début l'encourage à prendre des risques en évitant de le culpabiliser en cas d'échec.

L'enfant prend peu à peu conscience que les interdits ne sont que momentanés et évoluent avec son âge. Ainsi peut-il se familiariser avec le sentiment exaltant de devenir progressivement le maître de ses désirs, et de ne pas se limiter à être simplement l'exécutant docile des projections éducatives parentales sur sa personne.

Bettelheim écrit à ce propos : « Il y a une différence énorme entre acquérir la discipline en s'identifiant à ceux que l'on admire, et être soumis de force à une discipline excessive[1]. » Tout comme, ajouterai-je, il y a une différence énorme entre acquérir une autonomie dans le respect de soi et de l'Autre et le fait de disposer d'une permissivité sans limites.

Un peu de rébellion !

Nous venons de voir que ce qui structure un enfant et le fonde en tant que sujet, c'est l'expérience acquise par soi-même. Pour ce faire, il doit pouvoir compter sur la confiance de ses parents en son aptitude naturelle à s'autonomiser, c'est-à-dire à tenter de nouvelles expériences pour progresser simultanément dans la maîtrise du monde extérieur et de lui-même. Si tel n'est pas le cas et que l'enfant n'obtient pas leur adhésion, il lui reste la possibilité de désobéir pour démentir l'idée selon laquelle il ne serait pas capable de se débrouiller seul.

En effet, ce qui fait la particularité de l'enfant et le sauve de sa dépendance de l'autorité adulte, c'est sa propension à

---

1. Bruno Bettelheim, *Pour être des parents acceptables. Une psychanalyse du jeu*, Hachette Littératures, 1988.

ne pas se soumettre. Sa façon à lui de tester la validité des règles imposées, par une interprétation personnelle qui lui permette d'utiliser ses potentialités et d'en tirer ses propres conclusions : « Je veux juger par moi-même », en quelque sorte. Alors qu'à l'inverse, une trop grande docilité de sa part liée à de l'inhibition signe l'existence d'un moi faible et si peu enclin à s'autonomiser qu'il finit par s'interdire toute initiative.

Quoi qu'en pensent les parents, contestation et désobéissance chez l'enfant constituent les preuves d'une bonne santé mentale. N'oublions pas qu'elles sont vers 2 ans les premières manifestations volontaristes de l'enfant. Rééditée à l'adolescence, cette opposition – qui peut se résumer en ces termes : « Je m'oppose, et ça résiste, donc j'existe » – suppose toutefois une résistance de la part des parents.

Lorsqu'elle est temporaire et relativement sans danger, l'insoumission aide l'enfant à édifier son moi. Sachant bien que cela n'a de sens que si l'enfant se heurte à des limites. En effet, à qui et à quoi s'opposer si tout est permis ? Loin d'être un défaut, et si elle se conçoit dans une marge de liberté laissée volontairement aux enfants pour transgresser les interdits, l'insoumission peut créer une connivence avec les parents. Elle peut devenir ainsi un atout qui complète et tempère l'apprentissage imposé des règles de la vie sociale. Contradiction et insoumission ouvrent la voie à l'« autonomie de penser ».

Cela demande du doigté et un subtil dosage de l'autorité qui n'est pas toujours évident. Il s'agit pour les parents d'introduire un ajustement régulier en fonction de l'évolution de l'enfant, et de leur propre évolution en tant que parents qui, elle aussi, se construit jour après jour.

L'apprentissage de la frustration

Amélie est une fillette de 4 ans, très bien adaptée à l'école maternelle, où elle exécute les consignes et fait preuve de créativité et d'autonomie. Or elle est encore très attachée à sa tétine. Et dès qu'elle se retrouve hors de l'école, elle la reprend. Cette attitude régressive consterne ses parents convaincus que, vu son âge, elle devrait pouvoir s'en passer.

Un jour pourtant, face à ses parents qui se réfèrent à la norme pour vanter le fait qu'elle est grande et capable de renoncer à cette pratique, Amélie s'empare de petits ciseaux qu'elle a l'habitude d'utiliser pour ses découpages et, mue par une pulsion sacrificielle, décapite sa tétine. Très fière d'elle, elle fait l'offrande de son trophée en deux morceaux à ses parents, qui la félicitent chaleureusement pour son acte.

Gratifiée, Amélie s'éclipse pour vaquer à ses jeux. Mais soudain, et à leur grand étonnement, ses parents l'entendent pleurer dans la salle de bains. Ils s'y précipitent et trouvent leur petite fille debout sur le tabouret devant le lavabo, avec dans les mains, sous le filet d'eau, les deux morceaux de sa tétine dont elle tente d'apaiser la blessure. À ses parents qui essaient de la calmer, elle ne peut que hoqueter sur un ton désespéré : « Je n'arrive pas à la recoller... »

Cette tétine n'était-elle pas le symbole du renoncement à sa petite enfance ? Or tout symbole évoque, selon l'étymologie, la capacité de lier, de mettre ensemble. Le mot grec *sumbolon* signifie « signe de reconnaissance » : c'était un objet cassé en deux entre deux personnes et dont chacune gardait une moitié. Si après une séparation les deux parties de l'objet s'ajustaient l'une à l'autre, cela confirmait le lien entre les deux personnes.

Une expérience émotionnelle peut être représentée à travers une représentation symbolique. Pour Amélie, il est probable que cette tétine renvoyait à la fois à sa relation de dépendance à sa mère et à son désir de grandir selon les vœux de ses parents. Sans doute s'agissait-il inconsciemment pour elle de recoller à sa petite enfance dans une angoisse où elle se ressentait elle-même comme coupée en deux, ni bébé ni grande.

Même si elle avait surestimé ses limites et agi de son plein gré, Amélie n'avait-elle pas cherché avant tout à contenter ses parents ? Cela n'empêche pas qu'elle ait pu vivre ce passage dans une ambivalence bien compréhensible, car passer d'un stade à un autre ne se fait pas sans regrets ni retours en arrière. C'est ce que je nomme le « menuet » : deux pas en avant, un pas en arrière !

Hésitation naturelle qui doit pouvoir compter sur la tolérance des adultes, dans la mesure où le temps ne s'écoule pas de la même manière pour eux et pour les enfants. À ce titre, il n'était pas non plus facile pour Amélie de renoncer à un plaisir, proposé – ne l'oublions pas – dès la naissance par les parents, et en partie pour leur propre confort ! La frustration lui était soudain apparue comme insoutenable.

Pourtant, vu son âge, ses parents soucieux de la faire progresser vers plus d'indépendance avaient agi comme bien d'autres parents. Ils n'avaient employé ni le chantage ni la coercition comme c'est parfois le cas.

Ainsi Paul, petit garçon de 2 ans, amené en consultation pour de récentes difficultés à l'endormissement, de fréquents réveils nocturnes, un refus de s'alimenter et un désintérêt pour les jeux qu'il privilégiait auparavant. Tableau qui évoque aussitôt un état dépressif. Alors que j'interroge les parents sur les habitudes de leur enfant avant l'apparition des troubles, j'apprends incidemment que, peu après sa naissance, comme il pleurait beaucoup, la prise d'une tétine l'avait aidé à trouver le calme et le sommeil. J'exprime alors ma perplexité sur le fait que cette même tétine ne remplisse plus cette fonction... Et les parents de révéler qu'ils ont décidé de la lui retirer le jour de ses 2 ans, «un âge où l'enfant doit comprendre»... Tétine jetée sans ménagement à la poubelle devant son petit propriétaire impuissant et guère préparé à accepter cette perte. Je fais aussitôt le rapprochement avec l'apparition des troubles. À la maladresse des parents répond la violence ressentie par leur enfant et exprimée dans ses symptômes.

Les parents d'Amélie n'avaient pas davantage évalué à sa juste mesure le degré de maturité de leur fillette, pour laquelle le plaisir de succion offert par la tétine, même s'il se réduisait avec le temps à une sorte d'automatisme, était encore un besoin. Ils l'avaient, selon eux, responsabilisée dès son plus jeune âge en l'encourageant à s'en passer en dehors des moments d'endormissement ou d'ennui. Et très vite, Amélie avait appris à gérer cette dépendance relative qui restait son affaire. Si ses parents pouvaient lui faire entrevoir la possibilité de s'en libérer, la décision de s'en séparer dépendait désormais d'elle. Ce respect mutuel l'avait peu à peu amenée à faire l'expérience d'une autocensure certes douloureuse : sorte de castration qu'elle s'imposait à elle-même, et qui, bénéfice secondaire appréciable, amorçait son passage d'un stade à un autre, vers plus d'autonomie.

La perte de sa tétine avait été éprouvée de façon plus frustrante pour le garçonnet de 2 ans, encore très dépendant vu son jeune âge de ce substitut équivalent à un objet transitionnel, au point de vivre sa disparition comme un véritable traumatisme, source d'insécurité. Avec toutes les conséquences inhérentes à l'incompréhension qu'il ressentait de la part de ses parents.

Au libre arbitre encouragé par les parents d'Amélie correspondait la frustration imposée arbitrairement par ceux du petit garçon, qui n'avait pu, lui, bénéficier du respect le plus élémentaire dû à un enfant.

151

Peut-être serait-il bon de rappeler, une fois de plus, qu'il faut du temps à l'enfant pour passer d'une étape de son développement à la suivante et que ce temps nécessaire n'est pas identique pour tous. Chaque enfant accepte à son rythme les renoncements inhérents au fait de grandir et la nostalgie qui en découle.

C'est du respect dû à l'enfant qu'il s'agit, respect de ses capacités à se détacher des objets de substitution affective, au fur et à mesure qu'il s'affirme et prend confiance en lui. Cela s'établit progressivement, selon ses capacités d'intégration, et s'inscrit dans un processus de maturation propre à chaque stade du développement psychoaffectif infantile. Malgré ses progrès vers l'acquisition d'une plus grande autonomie, rien n'empêche qu'il puisse à certains moments éprouver la nostalgie de l'époque révolue. Cela semblait bien correspondre à ce que tentait désespérément de retrouver Amélie, à savoir sa partie « bébé » qu'elle venait à peine d'abandonner.

C'est le cas pour beaucoup d'enfants. Ainsi en est-il pour Louis, qui un soir tombe inopinément sur l'un de ses pyjamas de bébé.

Pour ce garçon de 12 ans, qui semblait bien adapté à la séparation de ses parents, la grenouillère est le symbole de sa première enfance. Cette rencontre inattendue le renvoie à sa relation idyllique de bébé à sa mère, et provoque en lui une telle émotion qu'il ne peut contenir un accès de larmes. Sa mère qui assiste à la scène, le sentant inconsolable et inaccessible à la raison, interprète intuitivement cette réaction comme le signe d'un retour au passé propre aux enfants. Nostalgie d'un état auquel il avait dû renoncer depuis longtemps déjà, mais aussi d'une époque où ses parents étaient encore réunis et présents tous les deux à ses côtés.

Consciente de la souffrance de son fils, qui de surcroît entre en résonance avec la sienne, sa mère se garde bien de faire des commentaires ou de banaliser. Aussi imagine-t-elle de proposer à son fils de lui lire une histoire au moment du coucher, comme lorsqu'il était encore un tout petit garçon. Tolérante à cet épisode régressif, elle persévère le temps d'une semaine dans ce rituel retrouvé. Temps nécessaire pour que Louis (ou plus exactement le bébé en Louis) bénéficie de son content de réassurance pour renouer avec le garçon autonome de 12 ans qu'il peut à nouveau assumer d'être.

Grandir, c'est accepter des renoncements nécessaires, et, selon Winnicott, « l'excursion n'est bénéfique que s'il y a un ticket de retour[1] »...

Du rêve à la réalité

Ce propos sur la nostalgie me renvoie à un souvenir personnel. Nous sommes à la veille de Noël, date qui correspond à quelques jours près à celui de mon sixième anniversaire. À mon réveil, le lendemain matin, j'exhibe fièrement ce que le Père Noël m'a apporté, et qu'il a eu la délicatesse de fixer lui-même à mon poignet pendant la nuit : ma première montre ! Face à tous les membres de ma famille qui saluent ce procédé inhabituel de la part du Père Noël, je manifeste un enthousiasme de bon aloi.

Pourtant, je ne suis pas dupe : pendant la nuit, mon sommeil a été troublé par la sensation que quelqu'un manipulait ma main avec précaution, sans doute pour éviter de me réveiller. D'abord pétrifiée, puis entrouvrant les paupières dans la pénombre, je reconnais la silhouette de mon père

---

1. Donald W. Winnicott, *Jeu et réalité*, Gallimard, 1975.

agenouillé près de mon lit. Pour ne pas l'embarrasser, je feins de dormir. À peine s'est-il éloigné que, tâtant mon poignet, je comprends soudain le stratagème qu'il vient d'employer. Il a endossé le rôle du Père Noël pour me faire croire que ce personnage légendaire était à l'origine de ce cadeau inespéré : une première vraie montre, qui, il faut le souligner, était à l'époque l'un des symboles du passage de la petite enfance à l'âge de raison.

Je m'étais donc pliée au jeu, sans doute pour ne pas détromper mes parents, ni les décevoir dans leur projet. J'avais feint la surprise, sans excès puisque l'effet ressenti pendant la nuit s'était estompé avec le lever du jour. Je faisais « comme si » le Père Noël existait vraiment, alors que cette nuit venait de marquer mon passage du stade de la magie à celui de la réalité. Je jouais le jeu d'une complicité tacitement partagée avec mes parents. Une illusion mutuellement acceptée car nous apportant un plaisir équivalent : à eux le plaisir nostalgique de leur enfance, et à moi un plaisir fragile car déjà compromis, puisque j'allais devoir bientôt y renoncer totalement.

Désormais, je « savais », mais je profitais encore un moment de cette croyance éphémère au merveilleux propre à l'enfance, et m'y attardais avec délice.

Si je n'avais pas lâché facilement cette part de rêve, sans doute était-ce pour aménager progressivement mon passage du monde de l'enfance à celui plus rude de la réalité, par une sorte de passerelle symbolique : le « faire-semblant ». Je me donnais un peu de temps pour intégrer cette prise de conscience, cette nouvelle donne de l'existence : la dimension du rationnel.

Je prenais la mesure de la différence qui existe entre l'imaginaire et la réalité ; à l'avenir, sans faire d'amalgame, je serai davantage consciente de rêver. C'était incontestablement une manière de faire l'expérience de mon indépendance psychique.

Mais je bénéficiais également de ce témoignage d'affection que représentait le geste attentionné de mes parents, car le cadeau importait moins que l'ambiance et l'atmosphère d'affection familiale qui le transfiguraient. Il avait de la valeur parce qu'il prenait place dans un univers symbolique qui lui donnait sens et le validait.

Pour certains parents épris de *vérité*, laisser un enfant croire au Père Noël est une «imposture» condamnable. En cela, ils jugent de leur point de vue rationnel d'adultes, qui ont perdu tout contact avec leur propre univers d'enfant, imprégné de magie, pour lequel le Père Noël représente une compensation aux contraintes de la réalité. «Or il convient de ne pas négliger le fait qu'une rationalité prématurée, comme toutes les expériences trop précoces, laisse l'enfant mal armé pour affronter la vie[1]. »

Et pour élargir le propos, il nous faut souligner que l'enfant passera d'autant mieux d'un stade à un autre de son développement qu'il aura pu bénéficier d'une tolérance à son besoin de magie et d'une empathie affective appropriée à son âge. Car c'est bien dans cette présence attentive et imprégnée de respect que ma confiance dans les autres et en moi-même a pris sa source. Peut-être mes parents m'offraient-ils également l'occasion de trouver une secrète confirmation à ce que je pressentais intuitivement à propos du rêve et de sa relation avec la réalité? Il en va de même dans bien d'autres domaines, celui de la sexualité par exemple, où l'enfant, pour préserver son indépendance, feint de ne pas savoir.

Ainsi, je savais maintenant à quoi m'en tenir, tout en m'octroyant le temps nécessaire pour pouvoir, à mon heure,

---

1. Bruno Bettelheim, *Pour être des parents acceptables, Une psychanalyse du jeu*, Hachette Littératures, 1988.

y renoncer définitivement. Mais renonce-t-on jamais pour toujours au plaisir du rêve et de l'illusion ? Et mes parents ne revivaient-ils pas leur propre enfance à travers ce stratagème, là où ils retrouvaient leur fille sur un terrain symbolique commun ? La distance qui sépare l'un de l'autre, le parent dans l'autorité et l'enfant dans sa dépendance au pouvoir de l'adulte, se trouvait comme annulée l'espace d'une nuit, la nuit de Noël. Cette transition entre les deux registres, l'imaginaire et le réel, me permettait de choisir le moment où je renoncerais à faire semblant d'y croire. En refusant que cette vérité me soit imposée de l'extérieur, je faisais la preuve de ma capacité à maîtriser le passage d'un état à un autre. *À mon heure*, expression dont la montre était la métaphore, je prendrais « ma vie en main ».

« Si les parents veulent aider leur enfant à acquérir une saine compréhension de la réalité, ils doivent non seulement lui permettre de conserver ses rêves, mais aussi s'arranger pour que ses fantasmes deviennent réalité à certains moments importants de sa vie[1] », écrivait Bettelheim.

Tel est l'éminent service que rendent les fêtes à l'économie psychique de l'enfant. Elles lui donnent les forces qui lui permettent de faire face aux contraintes de la réalité quotidienne. Et à ce titre, il reste souhaitable que le Père Noël (ou saint Nicolas) persiste dans le rôle irremplaçable qu'il a assumé à travers les époques et les cultures. L'auguste vieillard à barbe blanche a conservé toute sa superbe et un dynamisme qui inspire l'admiration dans cette lutte inégale qui l'expose au réalisme cynique de notre société.

---

1. *Ibid.*

Autonomie et créativité

J'évoquerai encore une scène pour le moins réjouissante dont j'ai été le témoin privilégié. Un couple accompagne une fillette de 6 ans au musée de l'Orangerie pour lui faire découvrir les *Nymphéas* de Claude Monet. L'enfant prend d'abord son temps pour faire le tour de la salle ovale, s'approchant des toiles pour les voir de plus près à certains moments, ou s'en éloignant à d'autres pour prendre plus de champ. Sa mère, elle-même très absorbée, la perd de vue, et réalise soudain que les visiteurs présents semblent fascinés par un même point de l'exposition vers lequel tous les regards convergent. Elle dirige le sien dans la même direction et aperçoit la fillette au milieu de la salle, qui les yeux grands ouverts, et comme envahie par une émotion qui l'irradie, tourne lentement sur elle-même... Et les visiteurs de se risquer les uns après les autres, avec une jubilation manifeste, à tenter l'expérience induite par l'enfant. Ce jour-là, le spectacle de grands et petits s'essayant à jouer les derviches tourneurs ne manquait pas de piquant... Sans doute est-ce son intuition qui, dans une sorte de « saisissement[1] », lui avait inspiré cette idée : recréer l'illusion d'être au centre de l'étang peint par Monet. N'était-ce pas là le but même du peintre ?

L'inventivité de la fillette lui avait permis d'improviser pour réactualiser à sa façon la vision de Monet lui-même. C'est l'espace de liberté aménagé par ses parents dans la proximité de leur présence qui autorisait cette enfant à poser avec audace un acte issu de sa propre création. En se laissant ainsi porter par son inspiration, elle faisait preuve d'une pensée réellement autonome. Sa vision personnelle lui permettait d'échapper au conformisme ambiant et d'être totalement en

---

1. Didier Anzieu, *Le Corps de l'œuvre*, Gallimard, 1981.

accord avec ses émotions, ou encore d'être spontanément « elle-même ».

Comme Joyce McDougall l'exprime avec subtilité, « créer, c'est afficher son existence séparée et son identité personnelle[1] ». Faire preuve d'autonomie, ce n'est pas seulement, quoi qu'en pensent certains parents, être capable de se rendre seul au musée. C'est surtout, grâce au soutien discret et sécurisant d'un adulte, être capable d'évoluer librement pour faire ses propres découvertes.

---

1. Joyce McDougall, *Éros aux mille visages*, Gallimard, 1996.

Pas si vite !

À sa mère qui lui demande de se dépêcher de s'habiller pour ne pas les mettre en retard, une fillette de 3 ans et demi rétorque, interrogative : « Pourquoi vite et pourquoi seule ? » Question pertinente que sans doute de nombreux enfants sont amenés à se poser, tout en faisant de leur mieux pour s'adapter comme ils le peuvent, du fait qu'ils n'ont pas le même rapport au temps que les adultes et sont dans l'incapacité psychomotrice de se dépêcher. Ainsi, les exigences parentales d'efficacité et d'autonomie dans les obligations quotidiennes ne sont pas toujours évidentes ni même accessibles pour eux. Bon nombre d'enfants contestent jusque dans l'adolescence ces modèles parentaux de réussite, non sans exprimer leur attente déçue d'une présence parentale qui leur fait bien souvent défaut. Ils en gardent un sentiment de frustration qui, à des degrés divers, entretient chez eux la nostalgie de ce qui leur a manqué prématurément : la relation sécurisante à des adultes capables d'assumer vis-à-vis d'eux les responsabilités qui leur incombent.

Nous savons maintenant que tout enfant normalement constitué est dès sa naissance naturellement équipé pour devenir un être distinct capable de s'assumer progressivement au fil de son développement. Il en résulte que si les épreuves de séparation parents-enfants sont inévitables, elles nécessitent un aménagement salutaire : une réassurance affective que l'enfant intériorise dans les toutes premières années de sa vie. De sorte que si cet apport affectif venait un jour à lui faire défaut, il puisse combler le manque en puisant dans les réserves d'amour dont il aura fait provision jusque-là.

Ce que souhaite spontanément un enfant, c'est d'être avec ses parents dans une connivence qui lui permette d'apprendre à « faire tout seul » dans un espace commun fait de dialogue et d'expériences partagées.

La revendication implicite d'un enfant, quels que soient son âge et sa façon de l'exprimer (par l'intermédiaire de son corps ou par celui du langage), c'est de se sentir investi et cadré par des parents qui ne laissent pas totalement à d'autres le bénéfice inestimable de tisser des liens avec lui. Il convient en effet d'éviter un malentendu d'importance entre parents et enfants : celui qui consiste à faire un amalgame entre « autonomie » et « abandon ». De fait, pour lui permettre d'accéder à une autonomie assumée de son plein gré, encore faut-il veiller à ce que l'enfant ne vive pas un abandon affectif.

C'est précisément contre ce « lâchage » que beaucoup d'entre eux ressentent comme de l'indifférence de la part des parents que les enfants s'insurgent. Nombre de parents ont en effet tendance à oublier que les mineurs ont un droit essentiel lié à leur condition d'immaturité, celui d'être protégés par les adultes. Certes, ils peuvent se débrouiller, mais ils ont besoin de ne pas avoir le sentiment d'être seuls.

Là où auparavant régnait le système vertical d'un modèle hiérarchique des générations, aujourd'hui, avec la confusion des rôles, l'enfant devient l'égal de ses parents et parfois même le parent de ses parents. La tendance est désormais à un modèle relationnel horizontal qui contribue à disqualifier l'autorité parentale et son savoir-faire intuitif et historique. C'est pourquoi il est nécessaire de réinventer la place de chacun et de réintroduire de la différence dans les rôles des uns et des autres, pour permettre à tous de mieux s'y retrouver. L'enjeu est d'importance, car le risque est grand de voir de plus en plus de jeunes adultes s'installer dans une adolescence qui s'éternise et une dépendance qui présente le bénéfice appréciable de rattraper le temps d'enfance ou d'adolescence dont ils auront été amputés trop tôt.

En outre, comment ne pas être tenté de faire le lien entre leur incapacité, une fois devenus adultes, à investir une relation stable à l'autre et la séparation précoce qui, bébé, leur a été imposée d'avec leur premier objet d'amour, leur mère? Statistiquement, une fois sur deux la relation affective d'un couple se termine par une rupture. Parfois, le premier enfant réactive chez les jeunes parents la trace de la séparation précoce qu'ils ont eux-mêmes vécue dans une société nouvelle qui voyait la libération économique des femmes. Libération légitime, certes, mais qui impliquait que la société prenne en charge leurs enfants.

Pour le citer une dernière fois, c'est D.W. Winnicott qui met en garde contre l'intrusion du social qui dilue la responsabilité individuelle des parents envers leurs enfants : «Tout ce qui n'apporte pas un soutien spécifique à l'idée que les parents sont des personnes responsables sera à long terme dangereux pour le cœur même de la société[1].» Il convient donc d'insister sur un point important : la disponibilité des parents pour leurs enfants exige des aménagements de leurs conditions de travail qui leur permettent de libérer du temps avec une certaine souplesse. C'est là une revendication courante, particulièrement de la part des mères de jeunes enfants qui souhaitent pouvoir choisir librement leurs priorités sans être contraintes par des contingences économiques ou par la rigidité des modes de garde dont elles se trouvent dépendre. La stabilité de la relation instaurée entre parents et enfants dépend de ces

---

1. Donald W. Winnicott, *Jeu et réalité*, Gallimard, 1975.

changements, qui ont d'ailleurs déjà eu lieu dans d'autres pays.

Les adultes tutélaires devraient en effet veiller à se réapproprier une complicité avec leurs enfants. Ce qui n'exclut en aucun cas de savoir poser des limites et des interdits, garants de leur sécurité et de leur équilibre psychoaffectif. Alors que le « tout permis » annihile le désir et déresponsabilise un enfant aliéné par des besoins insatiables, l'acceptation des règles sociales en vigueur stimule sa capacité à désirer et à se projeter dans ses futures responsabilités d'adulte. Une responsabilité qui s'acquiert progressivement avec l'intégration des lois existantes pour les assimiler. Mais pour ce faire, il doit pouvoir compter sur des appuis tels que l'écoute, la tolérance et l'autorité vigilante des parents et des éducateurs responsables de son évolution.

Tout enfant est un aventurier dans l'âme qui a l'aptitude innée à explorer tout son environnement avec sa créativité propre. Armé d'une confiance suffisante en son intuition et ses désirs, l'enfant osera faire preuve d'initiative pour s'affranchir progressivement de sa dépendance aux adultes. Dès lors, le rôle essentiel de ces derniers consistera à l'encourager dans l'acquisition de la capacité à penser par lui-même, avec un libre arbitre qui lui permette d'élaborer et de mettre en œuvre ses projets de vie. Et grâce à l'inventivité de la vie présente en chaque humain, avec ce qui lui aura été transmis de son histoire, chaque enfant réactualisera à sa manière cet héritage pour le transmettre à son tour.

Remerciements

Mes remerciements chaleureux à Isabelle Bauer pour l'efficacité dont elle a fait preuve à la relecture de ce livre.

Merci à Mahaut Nobécourt pour la patience et les encouragements qu'elle a su opposer à mes moments de doute.

Enfin, comment ne pas évoquer la richesse de ce que m'ont apporté mes patients, petits et grands, à qui je dois l'essentiel de ma réflexion.

Table

DU MÊME AUTEUR

CHEZ ALBIN MICHEL

Je t'aime, donc je ne céderai pas !

Papa, maman, laissez-moi le temps de rêver !

La nounou, nos enfants et nous

DANS LA MÊME COLLECTION

Cet enfant qui n'écoute jamais
Jean-Luc AUBERT

Les sept piliers de l'éducation – Quels repères donner à nos enfants ?
Jean-Luc AUBERT

Mes parents se séparent – Comprendre ce que ressent l'enfant
Maurice BERGER et Isabelle GRAVILLON

Petits tracas et gros soucis de 1 à 7 ans – Quoi dire, quoi faire
Christine BRUNET et Anne-Cécile SARFATI

Petits tracas et gros soucis de 8 à 12 ans – Quoi dire, quoi faire
Christine BRUNET et Anne-Cécile SARFATI

Dis bonjour à la dame
Christine BRUNET et Aurore AIMELET

Une famille, ça s'invente – Les atouts des parents, les atouts des enfants
Hélène BRUNSCHWIG

La mort pour de faux et la mort pour de vrai
Dana CASTRO

Ça va pas fort à la maison – L'enfant et les soucis des grands
Dana CASTRO

Petits silences, petits mensonges – Le jardin secret de l'enfant
Dana CASTRO

Petit manuel à l'usage des grands-parents qui prennent leur rôle à cœur
Etienne CHOPPY et Hélène LOTTHÉ-COVO

Séparons-nous… mais protégeons les enfants !
Stéphane CLERGET

Vos enfants ne sont pas des grandes personnes
Béatrice COPPER-ROYER

Peur du loup, peur de tout – Peurs, angoisses, phobies de l'enfant et de l'adolescent
Béatrice COPPER-ROYER

Crèches, nounous et Cie – Modes de garde, mode d'emploi
  Anne WAGNER et Jacqueline TARKIEL

Hors collection
Petites histoires pour devenir grand – À lire le soir pour aborder
avec l'enfant ses peurs, ses tracas, ses questions
  Sophie CARQUAIN

Petites histoires pour devenir grand 2 – Des contes pour leur
apprendre à bien s'occuper d'eux
  Sophie CARQUAIN

Petites leçons de vie – Pour l'aider à s'affirmer
  Sophie CARQUAIN

Composition : IGS-CP
Impression : Imprimerie Floch, août 2012
Éditions Albin Michel
22, rue Huyghens, 75014 Paris
www.albin-michel.fr

ISBN : 978-2-226-24158-0
ISSN : 1275-4390
N° d'édition : 19062/01 – N° d'impression : 82772
Dépôt légal : août 2012
Imprimé en France